Iris Domdey-Meyer

Theaterpuppen

Theaterpuppen

Geschichte – Anleitungen – Ideen

Iris Domdey-Meyer

Verlag Paul Haupt

Bern Stuttgart Wien

Iris Domdey-Meyer modelliert schon als Kind die ersten Puppenköpfe aus lehmiger Erde. Studium an der Pädagogischen Hochschule Schwäbisch Gmünd mit Schwerpunkt Kunst. Mit Puppentheaterauftritten und dem Verkauf ihrer «Sprechenden Theaterpuppen» trägt sie zur Finanzierung des Studiums bei. Heute tätig am Institut für sozialpädagogische Berufe Schwäbisch Gmünd, wo sie die Fächer Bildnerisches Gestalten, Werken und Spiel unterrichtet.

Fotografien, wo nicht anders angegeben: Peter Kälberer, D-Göppingen
Zeichnungen: Iris Domdey-Meyer
Gestaltung und Satz: Atelier Mühlberg, CH-Basel
Lektorat: Regine Balmer, CH-Bern

Die Deutsche Bibliothek – CIP-Einheitsaufnahme:

Domdey-Meyer, Iris:
Theaterpuppen: Geschichte – Anleitungen – Ideen /
Iris Domdey-Meyer. – Bern; Stuttgart; Wien: Haupt, 1999
ISBN 3-258-05899-7

Printed in Italy

Inhaltsverzeichnis

Einleitung

«Puppentheater» – bei diesem Zauberwort öffnet sich der Vorhang der gedanklichen Vorstellung sowohl bei Kindern als auch bei Erwachsenen und Erinnerungen werden lebendig. Puppen gibt es schon fast so lange wie Menschen und Puppentheateraufführungen waren selten eine bedeutungslose Spielerei. Ganz im Gegenteil!

Von der Geschichte der Theaterpuppen, die weltweit erforscht wurde und trotzdem noch viele ungelöste Geheimnisse birgt, soll das erste Kapitel dieses Buches berichten. Hier werden auch die unterschiedlichen Vertreter der großen Theaterpuppenfamilie, ihre Herkunft und ihre Bedeutung vorgestellt. Dabei verdeutlichen sie uns den Zeitgeist, der ihre Rollen und Aufführungen in den jeweiligen Epochen beeinflusste.

Das Kapitel der «Allgemeinen Spielhinweise» bezieht sich noch nicht auf die Führung und Handhabung spezieller Puppenarten, sondern erläutert Grundlagen der Puppentheateraufführungen, die übergreifende Bedeutung haben. Der Mensch, welcher die Puppe zum Leben erweckt, leiht ihr nicht nur seine Stimme, sondern ist sich auch der Wirkung ihrer Körpersprache bewusst. Puppentheateraufführungen müssen sorgfältig vorbereitet werden. Tipps für die Gestaltung von Bühne und Zuschauerraum, Beleuchtung und Beschallung sowie für das Finden eines geeigneten Theaterstückes geben praktische Hinweise für Leute, die als Puppenspieler aktiv werden wollen. Besondere Bedeutung hat der indirekte oder direkte Kontakt, der zwischen Puppen und Zuschauern entsteht.

Wer jetzt am liebsten gleich spielen möchte, und das mit selbstgemachten Theaterpuppen, der wende sich dem Hauptteil des Buches zu – der Herstellung der Puppen und dem Bau entsprechender Bühnen. Das Buch soll ein breites Spektrum an Ideen bieten und reicht von ganz einfachen Vertretern wie den Fingerpuppen oder den Schauspielern aus dem Küchentheater bis zu aufwendigeren Figuren wie den sprechenden Theaterpuppen oder Marionetten, die durch viele Fäden bewegt werden. Bei letzteren muss man etwas mehr Zeit, Geduld und Geschick für die Herstellung mitbringen. Die einfachen Theaterpuppen können teilweise auch von jüngeren Kindern schon selbst hergestellt werden.

Auch bei den Bühnen sind verschiedene Schwierigkeitsgrade der Herstellung zu finden. Eine quer durch den Raum gespannte Wäscheleine, an die Tücher geklammert werden, ist ebenso vertreten wie die Wechselbühne, die, mit etwas handwerklichem Geschick nachgebaut, für Schattenspiele und Rampenlichtaufführungen einsetzbar ist.

Die Theaterpuppen sind in ihrer Materialauswahl stets als Ideenanregung zu verstehen. Dosen, Holzbestecke, Pappe, textile Materialien, alte Zeitungen, Modelliermassen, Äste, alte Socken, ... – das breite Angebot ist jeweils am Beispiel einer Puppenart herstellungstechnisch beschrieben. Die Materialien können selbstverständlich vertauscht oder durch andere ersetzt werden. Der Tütenkasper ist beispielsweise mit einem Holzkugelkopf genauso funktionstüchtig wie mit dem aufwendigeren textilen Kopf in Abbindetechnik.

Für jede Puppenart gibt es im Anschluss an den Herstellungsteil noch spezielle Spielhinweise und Tipps, die genau für diese Theaterpuppen hilfreich sind. Sie sind nicht zu umfangreich, da weitere Anregungen dem Kapitel mit allgemeinen Spielhinweise entnommen werden können.

«Die Galerie der Theaterpuppen» zeigt schließlich Puppen, die schon Theaterkarriere gemacht haben oder diesbezüglich auf dem besten Wege sind.

Geschichte der Theaterpuppen

Quellen unseres Wissens über Theaterpuppen sind archäologische Funde, ethnologische Studien und literarische Werke, die uns schon frühe Beweise für deren Auftritte liefern.

Puppen lassen sich aus der Vorgeschichte weltweit nachweisen. Über die Verwendungszwecke gibt es verschiedene Vermutungen. Wahrscheinlich haben sie ihren Ursprung in den magischen Zeremonien der Naturvölker und den Feierlichkeiten früher religiöser Gemeinschaften. Als Vorform der Puppe gilt der «Popanz». Er stellte einen in Menschenform angefertigten Fetisch dar, der zu Beschwörungszwecken verwendet wurde. Gerade aufgrund des rituellen Charakters haben die Puppen ihre Wichtigkeit während vieler geschichtlicher Epochen beibehalten. Von besonders großer Bedeutung waren die Puppen in Asien. Sie nahmen jedoch auch einen wichtigen Platz in religiösen Riten anderer Kulturkreise ein, in Afrika, Alaska, bei den Hopi, in Indien, Persien und im antiken Griechenland. Noch in der Frühzeit der europäischen Kultur hängte man Puppen als Kultfiguren zur Vertreibung böser Geister in Bäume. Allerdings verloren sie in Europa mir der Zeit ihre magische Kraft.

Puppen waren schon immer auch Rollenspielobjekt für Kinder. Die Puppe ist hier Gesprächspartner, enger Vertrauter, eigenes Kind. Über das Spiel mit der Puppe können Ängste und Aggressionen abgebaut, Wünsche zum Ausdruck gebracht werden. Sie wird so behandelt, wie das Kind es am eigenen Leib erlebt oder wie es selbst behandelt werden möchte. Sie bekommt Liebkosungen, Züchtigung oder Strafpredigten. Das lässt sie nicht sprachlos über sich ergehen. Reaktionen und Antworten gibt das Kind sich durch die Puppe selbst. Für diesen Dialog ist keine weitere menschliche Person nötig. In beängstigen-

Wajang-Golek, um 1900

den Situationen steigt die Puppe aus der Rolle des Unterlegenen in die des Beschützers auf. Sie tröstet das Kind bei Dunkelheit, Schmerz und Alleinsein.

Dieses kindliche Puppenspiel steht in engem Zusammenhang mit dem Wirkungsfeld von Theaterpuppen. Jeder erwachsene Puppentheaterspieler und jeder Zuschauer war schließlich selbst einmal Kind, verfügt über den kindlichen Erfahrungsschatz im Umgang mit Puppen und das daraus resultierende Verständnis für ihre Darstellungsformen. Selbst der in alten Rollenklischees denkende Kritiker wird nicht abstreiten können, dass auch Jungen zu allen Zeiten mit Puppen gespielt haben. Zwar war das Spiel mit dem Puppenkind traditionell meist den weiblichen Puppenmüttern zugedacht, doch ist auch der Umgang mit Ritterfiguren, Cowboys oder Wagenlenkern ein Rollenspiel, in dem kleine «Puppen» von den Kindern zum Leben erweckt werden. Sogar der Teddybär ist in seiner Tradition dem Puppenspiel zuzuordnen.

Die Theaterpuppe wird gemeinsam mit Puppenspielern und Zuschauern erwachen. In ihrem jeweiligen Wirkungskreis passt sie sich den Gegebenheiten und Interessen der Erwachsenen an. Politische und gesellschaftliche Themen, Kritik an der Obrigkeit, aber auch sexuelle Fantasien oder Alltagssituationen finden sich im Repertoire der Theaterpuppen zu allen Zeiten. Puppen spielen Theaterstücke, die ursprünglich für menschliche Darsteller geschrieben wur-

Schattentheaterfiguren aus Leder, Sichuan, China.
Links: König mit Krone,
rechts: kaiserlicher Schwiegersohn.

Chu Teu, der Ansager: Wassermarionette aus Vietnam. Die farbigen Figuren sind aus leichtem Holz geschnitzt und mit speziellem Lack haltbar gemacht. Eine Art Bühne – wie der Eingang zu einer Pagode – wird ins Wasser gestellt, der Puppenspieler schiebt dann die Figuren gegen das Publikum am Ufer. Der Chu Teu sagt die Szenen an und bringt das Publikum mit freundlichem Spott zum Lachen.

den. Übrigens spielen ebenso Menschen Theaterstücke, die zunächst nur für Puppen inszeniert waren. Auch vor musikalischen Aufführungen schrecken sie nicht zurück. So wurde Goethes «Faust» oder Mozarts «Zauberflöte» schon von manchem Puppentheater ins Programm genommen.

Erste schriftliche Belege des Puppentheaters stammen aus der Antike. Der Athener Xenophon, ein Schüler des Sokrates, schreibt in seinem Werk «Symposion» über den Neurospast aus Syrakus, der sich übersetzt als «Fadenzieher» entpuppt (*neuron*: Faden, *spao*: ziehen). Auch Athenaios berichtet über Auftritte von Neurospasten im Theater des Dionysos, einem Amphitheater am Südhang der Akropolis von Athen. Der römische Schriftsteller Apuleius schildert sogar ganz konkret Material und Funktionsfähigkeit der Theaterpuppen. Er beschreibt sie als Holzfiguren, die beim Ziehen des jeweiligen Fadens Glieder bewegen, den Hals drehen, mit dem Kopf nicken und die Augen hin- und hergehen lassen.

Herodot und Aristoteles schreiben ebenfalls von Figuren, deren Glieder mit Fäden bewegt werden. Neben den Holzfiguren werden als Materialien auch Ton, Elfenbein, Wachs, Silber und Bronze verwendet. Die Römer erreichen die Kultur des griechischen Puppenspiels, wie Petronius, Mark Aurel und Horaz berichten, nicht nur in Komödien, sondern auch als Mandukus (Kinderfresser), der bei öffentlichen Auftritten sowohl Schrecken als auch Gelächter bewirken soll.

In Asien gibt es ebenfalls frühe Belege für den Einsatz von Theaterfiguren. Besonders das asiatische Schattentheaterspiel hat von diesem Kulturkreis aus eine große Popularität erreicht. Hergestellt werden die Figuren traditionell aus ungegerbter Esels- oder Rinderhaut. Mit Messern werden Figuren ausgeschnitten und mit verschiedenen Stanzeisen Binnenverzierungen ausgestanzt. Der anschließende Farbauftrag ordnet sie einzelnen Rollenfächern zu. Kopf und Kopfbedeckungen sind bei diesen Figuren austauschbar. Der Führungsstab ist aus Metall oder Bambus. Die Spieler sitzen hinter einem Schirm (Leinwand), der die Schattenfiguren durch eine Lichtquelle für die auf der anderen Seite sitzenden Zuschauer sichtbar macht. Die Schattentheaterfiguren in Asien sind teilweise so groß wie die Menschen, die sie an den Stäben führen. Aber auch kleinere Schattenfiguren (meist im Bereich von 30 cm bis 1 m) sind bekannt. Sammlungen literarischer Werke von buddhistischen Mönchen weisen schon im zweiten Jahrhundert vor unserer Zeitrechnung auf Figurentheater hin.

Der Bekanntheitsgrad der asiatischen Schattenfiguren darf das Puppentheater in diesem Raum allerdings nicht ins Abseits drängen. Bekannt und heute noch in Gebrauch sind die Stabpuppen aus Java, die «Wajang-Golek». Vom chinesischen Marionettentheater «Min Ch'i-chi» zeugt ein Farbholzschnitt aus dem Jahre 1640. Das japanische Figurentheater «Bunkaru» zeigt lebensgroße Puppen, die von drei Spielern geführt werden. Neben Armen und Beinen sind schon Fingerglieder, Augenbrauen und der Mund beweglich. Die Theaterstücke von Chikamatsu Monzaemon (1653–1724) werden noch heute gespielt. In Vietnam werden Puppenspiele auch ins Wasser verlegt. Dort gibt es Landpuppentheater und Wasserpuppentheater. 1221 wird auf einem Grabstein die Wassermarionette erstmals erwähnt. Die Wasserbühne ist eine etwa 100 m^2 große, begrenzte Wasserfläche. Unter dem Wasserspiegel verlaufen Verdrahtungen, mit deren Hilfe die Figuren unter und über Wasser geführt werden. Die Puppenspieler stehen dabei selbst im Wasser, versteckt hinter einem Bambusvorhang. Feuerwerkskörper zaubern hier zusätzliche Effekte, die sich im Wasser spiegeln.

Schattentheater sind auch aus dem nordafrikanischen Raum und der Türkei bekannt. 1590 schildern erste Reiseberichte von Mitteleuropäern Schattenspiel-Vergnügungen in der Türkei. Die Schattenspieler dort heißen «Karagösdschi». Ihre Auftritte auf Marktflächen oder am Hofe verlagern sich mehr und mehr in die Kaffeehäuser. Die Spiele werden vor allem im Fastenmonat Ramadan jeden Abend im Anschluss an die Gebetsstunde veranstaltet. In Afrika tritt das traditionelle Puppentheater vorrangig bei rituellen Festen in Bezug auf Ahnenkult und Tod auf. Das Theater der Bozo (am Niger-Fluss) arbeitet mit einfachen Strohpuppen. In Nigeria werden beim Puppenspiel der Ibibio Stockpuppen benutzt, die innen einen komplizierten Führungsmechanismus besitzen.

Das ägyptische Schattentheater beeinflusst auch andere nordafrikanische Länder. Paul Kahle entdeckt 1909 in Menzale eine Sammlung großer Schattenfiguren, deren Entstehung in der ersten Hälfte des 14. Jahrhunderts durch ein Wappen nachgewiesen werden kann. 1451 erlässt der Sultan Tschakmak leider ein Dekret, dass alle Figuren verbrannt werden müssen. Sicher ein Grund, warum uns heute aus diesem Raum nicht viele Beweise über Figurentheater erhalten geblieben sind.

Wassermarionetten aus Vietnam
Links: Wasserbüffelkampf
Rechts: Löwenfigur

In Europa wächst die Bedeutung des Puppentheaters im Mittelalter. Die Kreuzzüge bringen Einflüsse aus anderen Kulturen auf die kleinen Bühnen. Puppen in Turnierrüstungen bekämpfen sich und der Schriftsteller Hugo von Trimberg schreibt von den «Tatermännlein», die so wunderlich auf Erden leben und es nicht lassen können, mit Speeren aufeinander einzustechen. Der «Tatermann» ist im Mittelalter einer der Puppennamen und stammt begrifflich aus dem Mittelhochdeutschen (*tatern*: zittern, hin- und herwackeln).

Die älteste bekannte Darstellung des Puppenspiels in Europa ist eine von 1170 stammende Zeichnung aus dem «Hortus deliciarum» der Äbtissin Herrad von Landsperg. Sie zeigt Puppen, die horizontal mit Schnüren hin- und herbewegt werden. Der Minnesänger Hugo von Trimberg erzählt von umherziehenden Gauklern des 13. Jahrhunderts, die Figuren bei sich haben, welche mit Grimassen das Publikum zum Lachen bringen. Sagen und Legenden werden zu Inhalten von gespielten Puppentheaterstücken.

Neben solchen Inszenierungen gibt es auch volkstümliche Stücke oder Stegreiftheater, die im komödiantischen Sinne Charaktere und menschliche Unzulänglichkeiten spöttisch entblößen. Weltbekannt hierfür ist die «Commedia dell'arte», die Mitte des 16. Jahrhunderts in Italien mit Masken allzu menschliche Figuren überzeugend herausstellt. «Pantalone» ist zum Beispiel eine Typenfigur, die den dummen, oft verliebten und stets geprellten Alten verkörpert. Eine weitere Figur ist «Arlecchino». Sein Gewand besteht aus lauter bunten Federn. Er ist arm, aber immer lustig und vergnügt. Seine schwarze Maske soll auf seinen Vorfahren, den «Harlequin» hinweisen, der schon um 1100 in französischen Legenden auftaucht.

Zeichnung aus dem «hortus deliciarium» der Äbtissin Herrad von Landsperg, um 1170

Die Commedia dell'arte gibt im 16. Jahrhundert bereits Auslandgastspiele. Sie spielt in Frankreich und England. Dabei hinterlässt sie dort auch ihre Spuren. So soll der süditalienische «Pulcinella» in Frankreichs Puppentheater als «Punchinello» Einzug gehalten haben und unter diesem Namen ebenso nach England gekommen sein, wo er dann als «Punch» große Berühmtheit erlangt hat.

Als Martin Luther 1530 eine «Vermahnung an die Geistlichen» verfasst, spricht er von dem sinnbildlichen «Hans Worst», dem er elf Jahre später sogar einen ganzen Artikel «Widder den Hansworst» widmet. Auch Sebastian Brant spricht 1519 in seinem «Narrenschiff» von Hans Worst. Noch heute ist «Hans Wurst» ein Begriff für jemanden, dem eben alles «Wurst» ist, der nur Unfug im Kopf hat und an unverschämten Worten kaum zu überbieten ist. In diesem Sinne macht er auch Karriere mit dem «fahrenden Puppenspielervolk», das auf Marktplätzen seine Vorstellungen für die Allgemeinheit gibt.

Sein Typus lässt sich auch in anderen Ländern finden. Im «Mailänder Marionettentheater» ist es der «Girolamo», ein Tölpel mit Bauernschläue, der als Figur 1810 von dem Lyoner Laurent Mourguet, einem Puppenliebhaber, aufgekauft wird. Mourguet widmet sich bald ganz dem Puppentheater, das er im Keller seines Wohnhauses oder im ersten festen Puppentheater Frankreichs, dem «Careau du Cèlestin» aufführt. Girolamo arbeitet er zum Franzosen um. Es wird die erste proletarische Figur in seinem Puppentheater. Sein Erfolg zieht sich durch die ganze Welt.

Hier und in Deutschland tritt der «Kasper» an die Stelle des Hans Wurst. Der Kasper ist in Frankreich Guignol oder auch Jean Potage. In Italien ist er der Pulcinella, in England Punch oder Jack Pudding, in Spanien Don Cristóbal oder Polichinela, in Russland Petruschka, in Usbekistan Palvan Katschal, in Brasilien Joao Redondo, in Holland Jan Khassen oder Pickelhäring, in Tschechien Kasparek, in Ungarn Vitéz Laszló, in Rumänien Vasilache, in der Schweiz Hans Joggeli, auf Java Semar und in Indien Vidushaka.

Vermutlich gibt es noch etliche Vertreter dieser Sorte, denn das Volk will sie sehen! In jenen Zeiten, in denen sich das Volk von den Herrschenden oft unterdrückt fühlt, wirken die Frechheiten dieser Figur bestimmt auch als Ventil: Sie ist Identifikationsfigur für Gedanken, die man selbst lieber nicht ausspricht beziehungsweise nicht aussprechen darf. In neuester Zeit knüpfen in verschiedenen Ländern satirische Puppentheater mit Theaterpuppen politisch Prominenter in gewisser Weise wieder an solche Traditionen an, natürlich ungleich medienwirksamer.

Mit dem heutigen Kasper ist der Hans Wurst vergangener Zeiten nicht auf eine Ebene zu stellen. Zu derb sind Hans Wursts Zoten, zu frech sein ganzes Auftreten. So passiert es manchmal, dass die Puppenspieler von der Obrigkeit die Anordnung bekommen, nur auftreten zu dürfen, wenn die Figur des Hans

Handpuppe *Punch*, England, 20. Jahrhundert

Wurst nicht zum Einsatz kommt. Das Leben wird den Puppenspielern in jener Zeit ohnehin schwer gemacht. Als fahrendes Volk fehlt ihnen das nötige Ansehen und ihre ärmlichen Verhältnisse zwingen sie mitunter, sich ihr Brot auch weniger rechtschaffen zu verdienen.

Am 11. November 1718 erlässt die «Königlich-Großbritannische zur Churfürstlich-Braunschweig-Lüneburgische Regierung» unter Graf von Kielmansegge die Verordnung, dass Komödianten, welche vom Landsherrn nicht «specialiter privilegiert» sind, weder auf Jahrmärkten noch außerhalb mehr auftreten dürfen. Auch andernorts werden den Puppenspielern immer strengere Regeln und Verbote auferlegt. So verfügt zum Beispiel Maria Theresia in der Mitte des 18. Jahrhunderts, dass jeder Vorstellung ein Zensor beizuwohnen habe. Vielleicht hat das den Siegeszug der Theaterpuppen jedoch auch unterstützt, denn das Verbotene reizt bekanntlich besonders.

Franz Pocci (1807–1876), Zeremonienmeister am bayrischen Hof, schreibt Puppen- und Singspiele, in denen er versucht, die derbe Figur des Spaßmachers für sein gehobenes Publikum salonfähig zu machen. Seinen Hang zum Trinken und zur Völlerei und seine ausgeprägte Faulheit lässt er ihm jedoch.

Woher der Name Kasper auftaucht, ist heute nicht mehr schlüssig nachzuweisen. Vermutlich wird dem Hans Wurst das Auftreten immer schwerer gemacht, so dass er klammheimlich von der Bühne verschwindet und einfach durch den Kasper ersetzt wird, der sich bei allem Witz doch entschieden besser benimmt. Als österreichischer Bauernjunge belustigt er zum Beispiel durch seine naiven Einfälle. Johann Laroche eröffnet 1781 das Wiener «Leopoldstätter Theater». Aber sein Kasper ist eine plebejische Figur, temperamentvoll, aufsässig und schlau. Der Zeitgeist und mit ihm Inhalte und Figuren des Puppentheaters bewegten sich der Französischen Revolution zu. Kasper spürt als Volksvertreter diese Entwicklung. Vielleicht auch ein Grund, warum er sich nicht mehr für dumm verkaufen lässt.

Nach und nach verändert der Kasper sein Image. Er wird intelligenter, gewitzter, seine Naivität ist oft nur noch vorgeschoben. Damit wird er zum Publikumsliebling. 1921 erblickt der Hohensteiner Kasper, entworfen von Max Jakob und geschnitzt von Theo Eggnitz, im Erzgebirge das Licht der Welt. Auf der Weltausstellung in Paris gewinnt er 1937 eine Goldmedaille.

Im 20. Jahrhundert wird der Kasper zum Erzieher. Seine Wirkung auf Kinder, all das gut und richtig zu finden, was der Kasper macht und sagt, wird ausgenutzt. Im Dritten Reich wird er laut einem erhaltenen Handpuppentext Parteimitglied und SA-Mann. Ein trauriges Intermezzo für den intelligent gewordenen Kasper, der einst so revolutionär gegen die Obrigkeit auftrat. Nach dem Zweiten Weltkrieg besinnt er sich jedoch wieder auf seine eigentliche Bestimmung bzw. auf die, die die Neuzeit ihm zugedacht hat. Er vermittelt den kleinen Zuschauern traditionelles Puppentheater, welchem entsprechend der

Märchensymbolik Bedeutung für die seelische Entwicklung des Kindes attestiert wird. Gleichzeitig wird er Vertreter pädagogischer Ziele der Neuzeit, indem er zum Beispiel die Kinder zum richtigen Verhalten im Straßenverkehr oder beim Zähneputzen anleitet. Seine Popularität ist so groß, dass viele Leute vom «Kaspertheater» sprechen, wenn sie eigentlich das Puppenspiel im Allgemeinen andeuten wollen.

Es lohnt sich, die Familie der Theaterpuppen bzw. -figuren und ihre einzelnen Vertreter näher zu betrachten. Zunächst sollen sie nach Bau- und Spielweise unterschieden werden:

Marotten aus dem 19. Jahrhundert

Die Marotte

Auch wenn dieses Wort heute für eine schrullige Eigenschaft eines Menschen steht, stammt es ursprünglich aus dem Französischen und bedeutet «Narrenstab». Es handelt sich dabei um einen Stab, auf dessen Ende ein Kopf sitzt. Die Ausgestaltung der Marotte betrifft in der Regel auch nur diesen Kopf. Ausnahmsweise kann sie aus einem Stück Tuch einen Umhang bekommen. Arme oder Beine hat die Marotte nie.

Sie gilt als Ausgangsform für beweglichere Puppen, deren Führungsart vom Stab ausgeht. Typische Vertreter dieser Puppenart sind die Figuren aus dem Küchentheater, die im Herstellungsteil auf Seite 91 zu finden sind.

Die Stabpuppe

Als Weiterentwicklung der Marotte bekommt die Stabpuppe zunächst bewegliche Arme, die mit zusätzlichen Stäben bedient werden können. Der Spieler hält mit der einen Hand den dickeren Stab, der den Kopf trägt, während die andere Hand die dünnen Stäbe der Arme führt. Diese einfache Stabpuppenform hat komplizierte Geschwister bekommen, die mit aufwendig konstruierten Mechanismen, die in die Gelenke oder auch in den Kopf eingebaut sind, viele Körperteile in Bewegung bringen. So können solche Puppen den Mund bewegen, mit den Augen klimpern, Augenbrauen hochziehen oder Arme und Beine bis in die Finger- oder Zehenspitzen detailliert bewegen.

Die «Sprechenden Theaterpuppen» dieses Buches zeigen exemplarisch, wie eine Puppe durch den Bau eines solchen Mechanismus zum Mundbewegen gebracht werden kann. Stabpuppen müssen nicht dreidimensional sein. Als flache Scheibenfiguren werden sie auch für das Schattentheater eingesetzt.

Die Kopfstockpuppe

Auch sie ist eigentlich mit den Stabpuppen verwandt, da sie mit Hilfe von Stäben geführt wird. Im Gegensatz zu diesen wird sie jedoch von oben bedient. Ihr Stab oder Stock steckt in der Schädeldecke. In dieser einfachen Form präsentiert sie sich im «Koffertheater» auf Seite 59.

Sie kann auch weiterentwickelt werden, indem die Arme mit Fäden zur oberen Stabkante verbunden werden. Ihre Nähe zur Marionette ist dann durch die Fadenführung so groß, dass man sie auch dieser Familie zuordnen kann. Beispielhaft für sie ist die «Skaterrobota aus der Werkzeugkiste», Seite 126.

Die Papierfiguren

In der italienischen Renaissance hält das Puppentheater an Höfen und Universitäten seinen Einzug. Hier entsteht die Guckkastenbühne mit einschiebbaren Kulissen und Papierfiguren. Durch seitliche Schlitze im Bühnenkarton betreten die Papierfiguren, an Drähten oder Stäben geführt, den Raum. Im 19. Jahrhundert wird diese Theaterform so modern, dass mehrere Verlage Ausschneidebögen und Druckgrafiken mit passenden Textbüchern herstellen, aus denen in der Familie Papiertheater gebastelt und Aufführungen selbst inszeniert werden. Diese Form des Figurentheaters findet auch verstärkt in Schulen Einsatz, da die Kinder hier einfache Theater, Figuren und Kulissen selbst bauen können. Im Buch ist sie unter dem Stichwort «Kistentheater mit einschiebbaren Kulissen und Pappfiguren» auf Seite 53 zu finden.

Links: «Allerneustes Theaterbilderbuch mit beweglichen Figuren» von Isabella Braun. Rechts: Szene aus «Wilhelm Tell»

Die Schattenfiguren

Schattenrisse; «Perfektion» nach Ernst Jandl. Das Theater-Pack, Kölliken

Diese indirekte Form des Figurentheaters nutzt den Schattenwurf, der auf der Leinwand auch bei dreidimensionalen Figuren nur zweidimensional zu sehen ist. Aus diesem Grund werden Schattenfiguren in der Regel auch aus flachen Materialien hergestellt. Ihr Vorteil liegt darin, dass die Figuren direkt am Vorhang die größte Schärfe erreichen. Dreidimensionale Schattenwerfer wirken an den Rändern etwas verschwommen.

Als Materialien werden Pappe, Papier, Leder, durchscheinendes Gewebe, Folien oder bemalte Kunststoffscheiben verwendet. Wirkungsvoll sind auch flache Objekte wie Scheren, Zangen oder sonstige Alltagsgegenstände. Schattenfiguren können beim Spiel vor einer Leinwand mit Stäben von unten oder oben bedient werden. Auf einem Hellraumprojektor lassen sie sich horizontal hin- und herschieben. Die Glieder werden beweglich, indem sie einzeln zugeschnitten und mit Gelenkverbindungen wie Ösen, Drähten oder Musterklammern verbunden werden. An jedes bewegliche Teil ist wieder eine Führungsstange befestigt. Wie das Schattentheater heute durch den Einsatz von farbigem Licht, Dias oder Beleuchtungseffekten ausgestaltet werden kann, erklärt das Kapitel «Schattenfiguren in farbigen Welten» ab Seite 115.

Die Fingerpuppe

Das Spiel mit den Fingern beherrschen schon die Allerkleinsten. Ein Finger spricht mit dem anderen. Bekommt er vier Punkte als Augen, Nase und Mund ins Fingerpuppengesicht gemalt, hat er schon Persönlichkeit. Diese Wirkung lässt sich durch den Einsatz einer Fingerpuppe verstärken. Es handelt sich dabei stets um einen Fingerling, der über einen Finger gestülpt wird und diesen verkleidet. Die Größe der Fingerpuppe bleibt dabei stets im natürlicherweise begrenzten Rahmen. Wie unterschiedlich die verwendeten Materialien sein können, ist im Kapitel der «Fingerpuppen aus dem Stegreiftheater» nachzulesen Seite 77.

Die Knotenpuppe

Ein Tuch wird an einem Zipfel zu einem lockeren Knoten gebunden, in den gerade noch ein Finger passt. Dieser Knoten ist der Puppenkopf, der keck herausschauende Zipfel wird zur Zipfelmütze. Das herabhängende übrige Stofftuch wird zum Gewand, in das sich die Spielerhand einhüllen kann.

Die Handpuppe

Wie ihr Name schon sagt, wird sie mit einer Hand belebt, die sie ganz ausfüllt. Am bekanntesten ist wohl die Handpuppe, in deren Kopf der Zeigefinger der Spielerhand steckt und deren Arme durch dessen Daumen und Mittelfinger bewegt werden. Das Gewand verbirgt dabei Handteller und Handgelenk.

Eine andere Vertreterin der Handpuppe ist die Handschuhpuppe. Sie kann aus einem Stück ohne Abteilungen bestehen, in die die gesamte Hand einfach hineinschlüpft. In diesem Fall ist sie mit der einfachen Fingerpuppe zu vergleichen und unterscheidet sich von ihr nur durch die Größe.

Das Krokodil im Kaspertheater, eine der bekanntesten Handpuppen überhaupt, wird als «Klappmaulhandpuppe» bezeichnet. Dargestellt sind hierbei, in Handgröße, nur Kopf und Hals, wobei das Maul sich aufklappen lässt, indem der Daumen in den Unterkiefer schlüpft, während die restlichen Finger den Oberkiefer bedienen.

Im Buch sind Handschuhpuppe und Klappmaulhandpuppe als Ungeheuer und Sockenmonster vertreten. Die Anleitungen dazu sind auf den Seiten 73ff. zu finden.

Die Kopfpuppe

Ihr Vorkommen in der Theaterpuppenfamilie ist eher selten und ihre Auftritte finden nur bei Puppenspielerprofis statt. Erwähnenswert ist sie auf jeden Fall. Sie beeindruckt vor allem durch ihre Größe. Der Puppenspieler steht hinter einer Theaterwand, die ihn bis zur Halshöhe versteckt. Auf seinem Kopf sitzt ein Helm, der mit einem Kinnriemen rutschsicher befestigt ist. Auf diesem Helm ist ein Stab befestigt, welcher wiederum den Kopf der großen Puppe trägt.

Am Halsstab hält ein waagrecht befestigtes Schultergelenk die Arme. Auch an den Puppenhänden sind Stäbe befestigt, die der Spieler gleichzeitig bedienen kann, da er den Puppenkörper ja auf dem Kopf trägt. Das Puppengewand verdeckt den Spieler bis zu den Schultern. Auf Augenhöhe ist ein Stück durchscheinender Stoff eingenäht, der ein kaum bemerkbares Sichtfenster schafft.

Die Ganzkörperpuppe

Einer der Puppenstars dieser Gattung ist der berühmte «Samson» aus der «Sesamstraße». Vom Kopf bis zu den Zehen steckt ein Mensch in dieser Puppenart und dennoch kann hier nicht mehr von einer verkleideten Person die Rede sein. Die riesige Theaterpuppe leiht sich zwar vom Mensch in ihr die Sprache sowie Knochen und Muskeln, um sich aufrichten und bewegen zu können. Aber das machen ja selbst die kleinen Fingerpuppen. Der Spieler ist in dieser Puppe so verborgen, dass man sich auch bei genauem Hinsehen manchmal fragt, an welcher Stelle des Puppenkörpers er eigentlich einen «Ausblick» findet oder wie er Luft bekommt.

Theaterpuppenriesen werden manchmal ebenso von zwei oder noch mehr Spielern bedient. Individuell kommen auch oft recht kleine (Schau-)Spieler zum Zuge. Man denke hier nur an den berühmten «Außerirdischen vom Melmac», besser bekannt als «Alf».

Die Marionette

In Lexika steht neben der Erklärung, dass es sich hierbei um eine an Fäden oder Drähten hängende Gliederpuppe handelt, auch stets als zweite Bedeutung der willenlose, als Werkzeug benützte Mensch. Dabei erscheint dem ungeübten Marionettenspieler diese Puppenart gar nicht so willenlos. Bei einem Anfänger «will» sie manchmal absolut gar nicht! Sie dreht sich, ihre Fäden verwirren, und hat man sie mühsam wieder geordnet, steht sie mit hängenden Gliedern lustlos herum und macht bei einzelnen Fadenzügen plumpe Bewegungen.

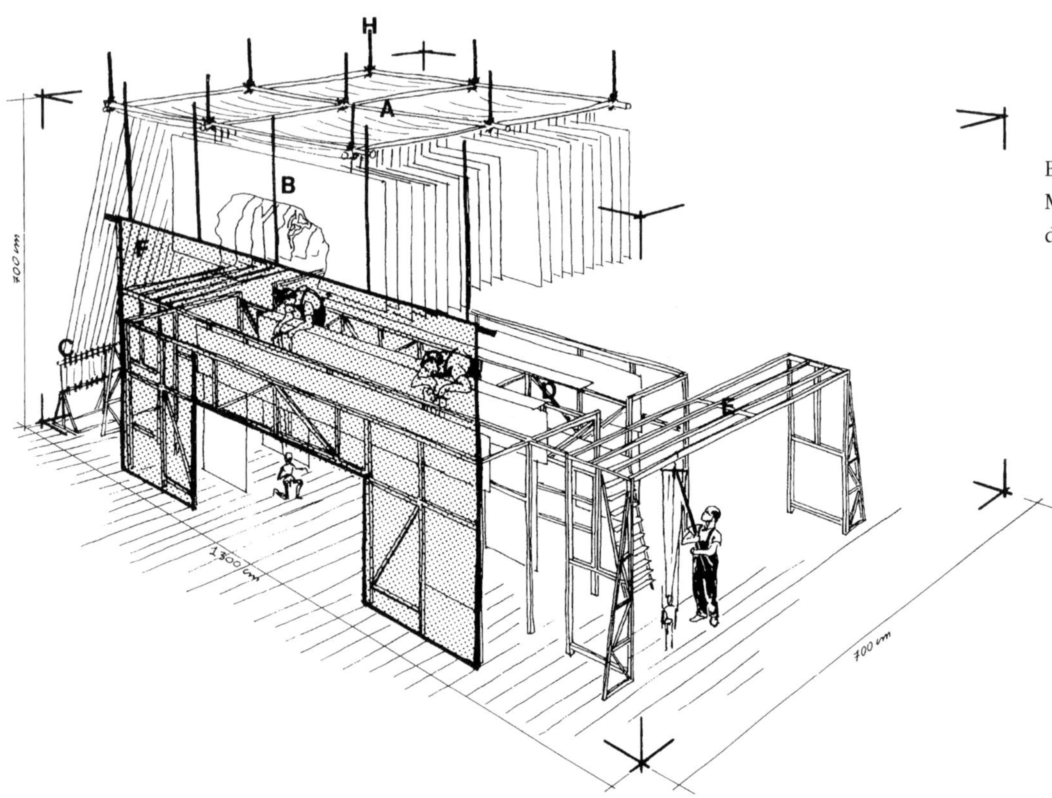

Bühnenanlage der Compagnia Marionnettistica Carlo Colla e Figli di Milano

Szene aus «Aïda»,
Compagnia Marionnettistica
Carlo Colla e Figli di Milano

Wie schaffen es denn die großen Marionettenbühnen, ganze Theaterstücke, Opern oder sogar Ballettaufführungen so fantastisch zu inszenieren? Die Zuschauer vergessen bei solchen Aufführungen zwischendurch fast, dass es sich bei den perfekt bewegten Figuren nicht um lebendige Wesen handelt.

Dieses Können der Spieler bedarf im Fall der Marionette besonders großer Einübung: Wer einen Blick hinter die Kulissen der berühmten Marionettentheater wirft, wird feststellen, dass diese meist schon seit Generationen in Familienhand sind. Die Spieler der Familienbetriebe sind dann schon von Kind an in diese Tätigkeit hineingewachsen. Doch soll dies keinen spielbegeisterten Anfänger abschrecken! Der Teil des Buches, der sich mit den Marionetten beschäftigt, zeigt, wie ein Einstieg ins Marionettenspiel über Figuren mit nur drei Fäden beginnen und die Anzahl der Fäden mit dem Erwerb von Geschicklichkeit sich steigern kann. Als Faustregel gilt: Je mehr Fäden eine Marionette führen, desto schwieriger ist sie zu bedienen – doch desto ausgefeilter und beeindruckender sind auch ihre Bewegungsabläufe.

Marionetten von André Perrottet-von Laban, 1935/1936

Innerhalb dieser genannten Gruppen der großen Theaterpuppenfamilie gibt es sicher auch noch manche Unterscheidungen und, wie in jeder Familie, auch den einen oder anderen Sonderling. Außerdem kommen Theaterpuppen hinzu, die schon gar nicht mehr von Menschenhand geführt werden. Theaterpuppen, die in der Beweglichkeit ihrer Glieder den Marionetten gleichen, bekommen ein Innenleben aus Rädern, Schnurzügen, Hebeln usw., das nach einem Impuls von Menschenhand weitere Bewegungsabläufe in Gang setzt. Bei mechanischen Figuren wird dabei der Bewegungsimpuls direkt übertragen, während sich Automatenpuppen, einmal in Gang gesetzt, ohne weitere Betätigung durch den «Puppenspieler» selbsttätig weiterbewegen.

Das «Mechanische Theater» bzw. das «Automatentheater» wird im 19. Jahrhundert populär. Der Tiroler Christian Josef Tschuggmall tritt 1828 erstmals in Brixen damit auf. Als ehemaliger Drechsler baut er die Figuren selbst. Allerdings hat er die Idee dazu von Matthias Tendler aus der Steiermark übernommen, der schon vor ihm diese Art des Puppenspiels entwickelt hat. Das technisch noch unverwöhnte Volk ist begeistert. Automatische und mechanische Theater treten ihren Siegeszug an, kleine bis menschengroße Puppen bewegen sich durch diese Szene. Puppen aus Porzellan kommen im späten 19. Jahrhundert hinzu. Bewegungsmechanismen werden verfeinert, Musikwalzen ergänzen die Bewegungen der Puppen mit akustischen Elementen. Die Schweizer stellen durch ihre Erfahrung mit dem Uhrenmachen auch hier besonders gute Spielwerke her.

Neben den öffentlichen Auftritten werden diese Figuren als Wertobjekte in Schaufenstern dekoriert und sogar als bewegte Weihnachtskrippen in Kirchen aufgestellt. Das «Theatrum mundi» gilt mit seinem mechanischen «Welt-Theater» gar als Vorläufer der Kinowochenschau. Es zeigt mit seinen mechanischen Figuren Aufführungen, die mit Licht- und Geräuscheffekten und entsprechenden Kulissen den Zuschauern Berichte aus aller Welt, zum Beispiel von Märkten, religiösen Szenen, militärischen Schlachten oder Vulkanausbrüchen, vermittelt.

Turner, Mechanische Kunstfigur von Hans Schichtl-Rulyans, 1947

Im 20. Jahrhundert bekommen die Theaterpuppen Familienmitglieder, die sich optisch ganz dem Stil der Kunstszene anpassen. Auch die Kunsthochschule des «Bauhauses» in Weimar nimmt sich ihrer Gestaltung an. Die figürliche Abstraktion in der Ausführung von Bauhauspuppentheatern zeigt Puppenkörper aus Fahrradschläuchen, Metallfedern oder geradlinigen Holzkonstruktionen, die den Körperbau auf seine Grundformen reduzieren. So mancher Liebhaber des Puppentheaters, der diese neuen Familienmitglieder mit naturgetreu gearbeiteten Marionetten in romantischen Kostümen vergleicht, kann für diese abstrakten Theaterpuppen wenig Begeisterung empfinden.

Doch öffnen diese für sich selbst wie auch für ihre «Kollegen» neue Wege im Bühnenfach. Die Verwendung von Materialien und Formen, die menschliche Vorbilder der Theaterfiguren, wenn überhaupt, nur noch erahnen lässt, bringt spieltechnisch und inhaltlich ganz neue Ideen und Darstellungsformen auf die Puppenbühnen. Als heimlicher Beobachter mag der alte «Popanz» der Vorzeit sicherlich schmunzeln, erkennt er doch in manchen dieser Gestalten Reinkarnationen seiner Zeitgenossen wieder.

Doch die abstrakten Theaterpuppen des 20. Jahrhunderts wollen auch den gesellschaftlichen Wandel mittragen und beeinflussen. Sie emanzipieren sich von alten Rollenklischees, zeigen verstärkt politisches Interesse und überwinden Grenzen. Sie sind nicht schwarz, nicht weiß, nicht gelb, sie unterliegen keinen Rassenunterschieden und keinen traditionellen Meinungsstrukturen.

Ihrem Vorbild folgen Theaterpuppen, die dem Geschmack der meisten Zuschauer optisch wieder mehr entsprechen. Wesen, die weder den Menschen noch einer bestimmten Tierart im Aussehen konkret zugeordnet werden können und trotzdem beides in sich verkörpern. Ihre Gesichtszüge und die Ausgestaltung des Puppenkörpers lassen sie zu Sympathieträgern werden. Freundliche Monster sind keine Seltenheit mehr.

Die Studentenbewegung der 68er geht auch an den Puppen nicht vorbei. Die neue Theaterpuppengeneration erhält hier die Chance, neue gesellschaftliche und pädagogische Wege zu gehen. Puppenspielformen wie das traditionelle Kaspertheater werden kritisch beurteilt: Der Kasper sei ein Macho und die weibliche Puppen seines Theaters hätten wenig zu sagen. Die Großmutter sei nur für hauswirtschaftliche Betätigung und um sich Sorgen zu machen da. Die Prinzessin habe schön zu sein, und wenn sie vom Räuber oder Drachen entführt wird, lasse sie sich von Kasper, Prinz oder Polizist, stets also von männlichen Puppen, ohne Eigeninitiative wieder befreien. Die Gretel sei fast bedeutungslos und agiere nie selbständig, sondern gelte als «Dummchen».

Wenn auch Jahre später das Image des traditionellen Kaspertheaters und seine Symbolik gemeinsam mit den Märchen für die Bedeutung des kindlichen Seelenlebens wieder aufpoliert werden, haben die modernen Theaterpuppen, gemessen an der Zahl ihrer Auftritte, den traditionellen Kasper und seine Truppe zur Seite gedrängt. Das verdanken sie vor allem den modernen Medien. Das Fernsehen bringt die Theaterpuppen als tägliche Gäste in die Wohnzimmer, sie bekommen pädagogische Aufgaben zugeteilt. Natürlich machen sie auch Späße, aber sie vermitteln den Kindern via Bildschirm von der Buchstaben- und Zahlenkenntnis bis hin zu Konfliktlösungsstrategien die diversesten Lerninhalte des täglichen Lebens und Umgangs.

Auch das Zusammenspiel von Mensch und Puppe nimmt neue Formen an. In Film und Fernsehen, bei Theateraufführungen und in Alltagssituationen pädagogischer Einrichtungen versteckt sich der Mensch nicht mehr als unsichtbarer Spieler. Er lässt sich sehen, wird Partner der Puppe. Theaterstücke, in denen Menschen und Puppen als gleichberechtigte Schauspieler in Szene gesetzt werden, sind keine Seltenheit mehr.

Was Film und Fernsehen nicht schaffen, wird beim real erlebten Puppenspiel möglich: Das Publikum wird einbezogen. Zwar waren auch schon zu alten Gauklerzeiten Zurufe und Anteilnahme der Zuschauer erwünscht bzw. wurden sogar herausgefordert, doch verstärken die Puppen von heute diesen Kontakt: Sie verlassen die Bühne, gehen ins Publikum, holen Zuschauer auf die Bühne und beziehen diese so stark ins Spielgeschehen mit ein, dass sie den Spielablauf mitbestimmen und ihm neue Richtungen geben können. Auch bei Aufführungen, in denen die Zuschauer nicht in dieser Richtung tätig werden (müssen), werden vor allem die Kinder anschließend häufig aufgefordert, sich doch das Theater mal von hinten anzuschauen.

Das entspricht auch der Entwicklung, dass Kinder selbst zum Theaterspiel motiviert werden sollen. Sprachliches und soziales Lernen, Mut zur Darstellung der eigenen spielerischen Fähigkeiten und daraus resultierendes Selbstwertgefühl lassen Theaterpuppen in pädagogischen und therapeutischen Institutionen tätig werden.

Marionetten zum Märchenspiel «Die Abenteuer des kleinen Buckligen». Von links nach rechts: Ausrufer, Arzt, der kleine Bucklige. Die Figuren entstanden 1923 an der Versuchsbühne des Bauhauses in Weimar.

Unterkriegen lassen sich die Theaterpuppen sowieso nie. Weder die Zeiten der Armut und Ächtung der Puppenspieler, der Zensur und Verbote, noch die Medien der Neuzeit, deren sie sich ja wiederum selbst bedienen, können ihnen etwas anhaben. Man könnte sogar fast meinen, dass sie in ihrer Bedeutung immer mehr steigen. Wer hätte vom fahrenden Puppenspielervolk vergangener Zeiten jemals gedacht, dass der Beruf des Puppenspielers einmal mit einem akademischen Studiengang an Hochschulen für Bildende Künste zu Ehren gelangt? Und hätte sich der Kasper träumen lassen, dass jemand promovieren kann, weil er eine Doktorarbeit über ihn, den Kasper, und seine Geschichte schreibt? Stolz dürfen die Theaterpuppen auch darüber sein, dass überall auf der Welt Philosophen, Gelehrte, Wissenschaftler, Schriftsteller und Poeten sich über sie und ihre Wirkung auf große und kleine Menschen bereits viele Gedanken gemacht haben und dies immer wieder tun.

Doch bei allem Stolz auf diesen gesellschaftlichen Aufstieg wollen die Theaterpuppen und die sie bewegenden Menschen zum Glück weiterhin für alle Kinder und für die Erwachsenen, die sich die Begeisterung für das Puppenspiel bewahrt haben, ihre kleinen und großen Vorstellungen geben!

Lilli (Nixe) und *Wilhelm* (Riesenkrake). Stabfiguren von Irene Schwartz für «Lilli, Flosse und der Seeteufel». Die Complizen, Figurentheater Hannover, Ulrich Schulz-Rudorf

Allgemeine Spielhinweise

Der Mensch in der Theaterpuppe

Die Theaterpuppe, welcher Art sie auch sein mag, ist ohne den Menschen leblos und bestenfalls dekorativ. Es ist nicht abzustreiten, dass manche Puppen durch ihre Rolle schon geprägt sind und ihre Charaktereigenschaften und Wesenszüge auch außerhalb ihrer Spieltätigkeit erkannt werden. Aber selbst diese Identität haben sie oder ihre entsprechenden Vorfahren durch den Menschen, der sie im Spiel belebt, erhalten. Unterstützt wird ihre Wirkung auf die Zuschauer durch ihre optische Gestaltung, zum Beispiel ihr Gesicht oder ihre Kleidung. Jedoch kann auch hier während einer Vorstellung die Erfahrung gemacht werden, dass der äußere Schein manchmal trügt und die Puppe andere Wesensmerkmale zeigt, als ihr Aussehen erwarten lässt.

Wer eine Theaterpuppe zum Leben erwecken will, muss die eigene Persönlichkeit zurückstellen und sich ganz auf die Rolle der Theaterpuppe einlassen.

Die Körpersprache der Theaterpuppe

Die meisten Puppen können ihre Mimik nicht einsetzen. Lediglich die Figuren, in deren weiches, bewegliches Gesicht die Spielerhand greift, haben hier gewisse Möglichkeiten. Dieser Mangel an mimischen Ausdrucksformen wird durch Gestik, Körperhaltung und Bewegungsabläufe ausgeglichen. Die alte, schwache oder auch traurige Theaterpuppe bewegt sich langsam und leicht gebeugt über die Bühne, während sich die junge, lebensfrohe Puppe aufrecht und ausgelassen, bei besonderem Übermut auch hüpfend fortbewegen kann.

Der Einsatz der Gestik darf ruhig überzeichnend sein, schließlich fehlt ja die Mimik. Vor Freude und Begeisterung breitet die Theaterpuppe ihre Arme weit aus; ist sie traurig, schlägt sie die Hände vor das Gesicht, auch wenn sie nicht weinen muss. Fürchtet sie sich, zittert sie so sehr am ganzen Körper, dass es auch der Zuschauer in der letzten Reihe noch sehen kann. Sie sollte auf jeden Fall fast immer in Bewegung sein und jedes gesprochene Wort, jede Situation durch die Ausdrucksform ihrer Körpersprache hervorheben. Nur so wird das Puppenspiel wirklich lebendig. Befinden sich mehrere Figuren gleichzeitig auf der Bühne, tritt natürlich diejenige mit ihrer Körpersprache in den Vordergrund, die auch inhaltlich gerade etwas zum Ausdruck bringen will. Ob sich die anderen Puppen nun ruhig verhalten oder sich ebenfalls durch Gestik einbringen, hängt von der Dramaturgie des Stückes bzw. der jeweiligen Szenensituation ab.

Die Wirkung der Körpersprache einer Theaterpuppe überprüft der Spieler zunächst während des Übens vor dem Spiegel. Sind die Grundfertigkeiten so automatisiert, dass die Theaterpuppe ohne Spiegelkontrolle bewegt werden kann, betritt sie die Bühne. Bei den Probeauftritten sitzt ein ehrlicher Kritiker im «Zuschauerraum» und reflektiert die Wirkung der Körpersprache. In dieser Übungsphase sollte noch kein gesprochenes Wort fallen, sondern zunächst überprüft werden, ob der Spieler die körperlichen Ausdrucksformen der Theaterpuppe in der Führung beherrscht und gezielt einsetzt.

Die Übertragung von menschlicher Körpersprache auf die doch eingeschränkten Bewegungsabläufe der Theaterpuppe muss gut vorbereitet sein. Die Fragen lauten: 1. «Welche Körpersprache in Bezug auf Haltung, Gestik und Bewegungsgeschwindigkeit verwendet ein Mensch in der entsprechenden Situation?» – 2. «Welche Bewegungsmöglichkeiten hat die verwendete Theaterpuppe und wie können etwaige Defizite durch Überzeichnung ihrer möglichen Gestik ausgeglichen werden?» Wer sich diese Grundfertigkeiten im Umgang mit seinen Theaterpuppen beigebracht hat, kann sich der nächsten «Lektion» zuwenden.

Attila, der sagenhafte Phönix
Figur von Christoph Buchfink.
Figurentheater Wolkenschieber,
Griebel-Holzkaten

Die verbale Sprache der Theaterpuppe

Der Mensch in der Theaterpuppe verleiht ihr seine Stimme. Im Idealfall ist der Sprecher von den Zuschauern nicht mehr zu identifizieren. Die Stimme ist auf die Persönlichkeit der Theaterpuppe und ihre Rolle abgestimmt. Piepsend und schnell erzählt die junge Feldmaus dem guten alten Bären ihre Erlebnisse von der Konferenz der Tiere. Mit tiefer, ruhiger Brummelstimme unterstreicht dieser beim Antworten seine Reife und Gelassenheit. Der hinzukommende Rabe krächzt seine Beschwerde über den Frosch, der quakend auf der Bühne erscheint und auch im Gespräch jedes Wort mit breitem Maul in Froschmanier auseinanderzieht.

Auch die Gefühle, Absichten und der Charakter der Theaterpuppe werden über die Stimme zum Ausdruck gebracht. Hass oder Liebe, gemeine Hinterhältigkeit und vertrauensvolle Freundlichkeit werden durch die Sprachmelodie und die Untertöne moduliert und bewusst eingesetzt. Wie in der Körpersprache spielt auch hier die Überzeichnung eine große Rolle. Der Bösewicht ist allein schon durch seine betont hinterhältige, gemeine Stimmlage entlarvt, ohne inhaltlich irgendetwas Schlimmes gesagt zu haben.

In der Übungsphase ist es wie bei der Körpersprache sinnvoll, die sprachlichen Umgangsformen isoliert zu trainieren. Eine Eigenkontrolle kann erfolgen, indem man verschiedene Sprachproben im Sinne eines Hörspiels auf Kassette spricht. Ein ehrlicher Kritiker als Zuhörer ist ebenfalls eine gute Hilfe.

Wichtig ist auch eine deutliche Aussprache. Wer sich beim Üben einen Korken zwischen die Zähne klemmt und versucht, sich trotz dieses Hindernisses klar verständlich zu artikulieren, spricht anschließend ohne Korken bewusst deutlicher als zuvor. Der Trick dabei ist, dass die Mundbewegungen beim überdeutlichen Sprechen viel stärker ausgeführt werden und somit undeutliches Nuscheln vermieden wird. Auch Dialekt sollten Theaterpuppen nur in eigens dafür geplanten Mundartstücken sprechen. Ansonsten ist die allen Zuschauern verständliche Normsprache anzustreben. Dialektbedingte Klangfarben geben der Theaterpuppe jedoch Individualität und dürfen die Normsprache bei manchen Figuren gezielt einfärben.

Ob die Aufführung nur mit eigener Stimmkraft oder mit Hilfe einer Verstärkeranlage übertragen wird, hängt von der Anzahl und dem Alter der Zuschauer sowie von der Akustik der Räumlichkeiten ab, in denen gespielt wird.

Nach dieser Sprachübungsphase werden die erworbenen Fähigkeiten der Körpersprache der Theaterpuppe und ihrer verbalen Ausdrucksformen gemeinsam in kleinen, spontanen oder vorgegebenen Szenen kombiniert geübt.

Vorbereitungen und Vorüberlegungen für die Aufführungen

Die Auftritte von Theaterpuppen finden in vielen Situationen und Lebenslagen statt. Die kleinen, handlichen Figuren spielen zum Beispiel aus dem Stegreif beim langweiligen Warten in der Arztpraxis, bei stundenlangen Zugfahrten oder in sonstigen Situationen, in denen Kindern die Zeit vertrieben werden soll. Für einen Krankenbesuch am Kinderbett muss die Theaterpuppe stärker gewappnet sein: Sie weiß Bescheid über die Beschwerden des Kindes, erzählt von einer eigenen durchstandenen Krankheit und hört vor allem verständnisvoll zu, wenn der Patient selbst etwas erzählen möchte. Durch einfühlsame Fragen bringt die Puppe das Kind dazu, sich im Gespräch erleichtern zu können. Dazu sind natürlich nicht nur schauspielerische Fähigkeiten des Menschen in der Puppe gefragt, sondern auch sein pädagogisches Geschick.

In ihrer pädagogischen Bedeutung begleitet die Theaterpuppe die Kinder auch durch Kindergarten- und Grundschulzeit. Hier tritt sie ebenfalls nicht als Bühnenschauspielerin, sondern als Alltagsbegleitung auf. Sie schreibt an die Schultafel, schaut den Kindern über die Schulter, gibt Tipps beim Lernen und macht Späße, damit es auch im Schulalltag öfter etwas zu lachen gibt. Werden die Kinder selbst zu Puppenspielern, ist die Theaterpuppe ein Medium, um über Rollenspiele Konflikte zu bewältigen, die Fantasie zu beflügeln und sprachliche Umgangsformen zu erproben.

All diese und andere Alltagssituationen erfordern Theaterpuppen, die in ihrer Handhabung so einfach sind, dass sie später spontan eingesetzt werden können. Ihr Auftritt benötigt in solchen Situationen keine spezielle Bühne. Diese wird jedoch zum bedeutsamen Medium, wenn eine «richtige» Puppentheateraufführung stattfinden soll!

Der Bühnenauftritt der Theaterpuppen bedarf einiger Vorbereitung! Der Raum, in dem die Vorführung stattfindet, sollte größenmäßig der erwarteten Zuschauerzahl entsprechen. Die Zuschauerzahl ist allerdings aufgrund der Größe der Puppenbühne gegebenenfalls von vornherein entsprechend zu begrenzen! Die Fenster sollten abgedunkelt werden können. Die Puppenbühne selbst wird so platziert, dass die Puppenspieler genügend Bewegungsfreiheit hinter der Bühne haben.

Die Sitzplätze vor der Bühne sollten jedem Zuschauer eine gute Sicht auf das Theatergeschehen ermöglichen. Im Idealfall ist jeder Platz besetzt. Stehende Zuschauer fühlen sich nicht wohl und viele freie Plätze sind der Theateratmosphäre nicht zuträglich.

Die Beleuchtung der Bühne mit Scheinwerfern ist ein wichtiges Stimmungselement. Nur der Bühnenausschnitt wird angestrahlt. Zuschauerraum und Umgebung des Theaters sind während der Vorstellung dunkel. Bei einer größeren Aufführung kann eine Person, die ausschließlich für die Beleuchtung zuständig ist, mit einer entsprechenden Beleuchtungsanlage zum Beispiel verschiedene Tag- oder Nachtzeiten mit dem Licht erzeugen. Aber auch der Klemmspot vor dem kleinen Kistentheater, den der Puppenspieler selbst bedient, erfüllt bereits den Zweck, die Blicke der Zuschauer in den Bühnenraum zu ziehen.

Im modernen Puppentheater verlassen die Puppen manchmal den Bühnenraum und beziehen die Umgebung des Theaters oder auch die Zuschauer direkt in das Spielgeschehen mit ein. In diesem Fall muss ein zusätzlicher, schwenkbarer Lichtspot den Puppen folgen können. Im Übrigen sind hier genannte Beleuchtungstipps für Laienspieler gedacht, die im einfachen Rahmen notwendige Einsatzformen von Licht im Puppentheater suchen. Dass heutzutage den technischen Ideen für Beleuchtungszauber kaum Grenzen gesetzt sind, versteht sich von selbst. Wer hier Profi-Möglichkeiten hat, kann sie als Effekte passend zu Puppenbühne und Spielsituation einsetzen.

Die Musik hat im Puppentheater verschiedene Funktionen: Zunächst steht sie vor Beginn der Vorstellung sozusagen als Ouvertüre, was gleichzeitig ein Zeichen ist, dass der Vorhang sich demnächst heben wird. Sie kann als Hintergrundmusik leise einzelne Spielszenen stimmungsvoll untermalen, Spannung erzeugen oder in vollem Einsatz die Puppen zum Tanzen oder Mitsingen bringen. Sie kündigt Spielpausen an und verabschiedet Puppen und Zuschauer am Ende der Vorstellung.

Die Auswahl des Musikstils und der einzelnen Musikstücke steht in Korrespondenz mit dem Inhalt und der Art des Puppentheaterstückes sowie der Zuschauerzielgruppe. Für das Einpersonentheater, in dem gleichzeitig Bühne, Puppen, Licht und Musik vom Spieler bedient werden müssen, eignet sich ein guter Kassettenrecorder, auf dessen Band die Musikstücke in der entsprechenden Reihenfolge aufgenommen sind und der nur mit dem Ein- und Ausschaltknopf bedient wird. Bei großen Aufführungen kann ein Musikanlagenprofi am Mischpult die musikalischen Elemente regeln. Auch Livemusik bildet während einer Puppentheateraufführung einen wunderschönen Rahmen. In der Regel wird die Musik vom Tonträger aus organisatorischen Gründen sicher eher zum Einsatz kommen.

Je nach Raumgröße und Zuschauerzahl empfiehlt es sich, bei der Beschallung eine Verstärkeranlage für die Puppenspieler zu verwenden. Besonders bei kleineren Kindern als Zuschauer sorgt deren Begeisterung und Mitmachen für einen Geräuschpegel, den die Puppenspieler stimmlich manchmal kaum überbieten können. Außerdem sollte auch in den hinteren Reihen noch jedes Wort verstehbar sein. Im kleinen Zuschauerkreis reicht jedoch die eigene Stimmkraft der Spieler völlig aus.

Der Kontakt zwischen Theaterpuppen und Zuschauern besteht nicht nur aus gutem akustischen Verstehen und Betrachtung des optischen Geschehens auf der Bühne. Jede und jeder im Publikum soll sich persönlich angesprochen fühlen. Deshalb wendet sich die Theaterpuppe während der Vorstellung auch körperlich immer mal wieder den Zuschauern zu. Der Neigungswinkel ihres Kopfes ist dabei so geführt, dass sie scheinbar Blickkontakt aufnimmt. Schaut sie beim Sprechen über die Zuschauer hinweg, werden diese emotional nicht so stark einbezogen. Auch wenn sie sich im Gespräch mit anderen Puppen auf der Bühne befindet, geht ihr Blick gelegentlich zu den Zuschauern.

Die Bühne betritt die Theaterpuppe immer ihrer Rolle entsprechend. Aus der «Unterwelt» tauchen nur Personen auf, die ihr auch entstammen, wie zum Beispiel der Teufel, der Maulwurf oder das Erdmännchen. Von oben kann nur eingeflogen werden, wer das Fliegen auch in seiner Rolle beherrscht (zum Beispiel das Gespenst oder die Hexe auf dem Besen). Alle anderen betreten die Bühne von der Seite. Gibt es im Stück einen imaginären Keller, so steigen Puppen aus diesem eine imaginäre Treppe hoch, wenn sie nach oben kommen.

Kulissen für die Hintergrundgestaltung der Bühne und Requisiten, wie Kochtöpfe für die Hexenküche, eine Schatzkiste, Mobiliar usw., sind passend zum Stück einzusetzen. Aber Vorsicht, zuviel Kulissenwechsel und Herumhantieren mit Requisiten wirkt manchmal auch störend. Wer sich auf das Wesentliche beschränkt, hebt auch dessen Bedeutung hervor. Die Puppenbühne wird schließlich auf ihre Standfestigkeit, Funktionalität von Vorhangbewegung und Kulissenwechsel hin überprüft und die Theaterproben der kleinen Darsteller können beginnen.

Das Theaterstück

Prinzipiell kann jede für menschliche Schauspieler gedachte Inszenierung auf Theaterpuppen übertragen werden. Aufführungen wie Goethes «Faust» oder Mozarts «Zauberflöte» werden von berühmten Puppenbühnen faszinierend auf die kleinen Bretter, die die Puppentheaterwelt bedeuten, gebracht. Solche Textvorlagen, in denen jedes gesprochene oder gesungene Wort vorgegeben ist, sind sowohl für Kinder- wie auch für Erwachsenenstücke in Buchhandlungen und Büchereien erhältlich. Der Puppenspieler muss diese Texte so gut wie ein menschlicher Darsteller beherrschen. Allerdings sind «Spickzettel» hinter der Puppenbühne erlaubt. Wer jedoch zu oft auf den Spickzettel schauen muss, kann sich neben der Sprache nicht mehr ausreichend auf die Handhabung der Theaterpuppen konzentrieren.

Es besteht auch die Möglichkeit, den gesamten akustischen Teil, von der Ouvertüre bis zu jedem gesprochenen Wort, auf Band aufzunehmen und während der Vorstellung abzuspielen. Der Vorteil dieser Methode ist, dass die Spieler sich nun ganz auf die Handhabung von Puppen und Bühne konzentrieren können. Die Koordination zwischen Band und Darstellern sollte beim Playback-Verfahren allerdings perfekt eingehalten werden. Spielerische Verzögerungen können hier ein heilloses Chaos produzieren, überbrückende Improvisationen sind ja nicht möglich.

Wer nach Geschichten, Märchen oder Selbsterdachtem eigene Textvorlagen schreibt, der kann die Sprache, die Länge der Aufführung und den gesamten Ablauf des Stückes auf sein Publikum zuschneiden. Bei Aufführungen, die die Zuschauer einbeziehen, ihre Reaktionen abwarten und aufgreifen wollen, dürfen die Spieler nicht an einem Textbuch kleben bleiben. Gespräche der Puppen mit den Zuschauern können nur spontan erfolgen, auch wenn der Inhalt des Stückes dabei nicht aus den Augen verloren werden darf.

Der Eingriff der Zuschauer in das Spielgeschehen beginnt beim klassischen Kaspertheater, indem der Kasper die Kinder bittet, ihn zu rufen, falls der böse Räuber seinen Kuchen stehlen will. Hier ist die Teilnahme jedoch genau festgelegt und verändert nichts am vorgegebenen Spielablauf.

Eine größere Bedeutung erhält das Mitmachen der Zuschauer, wenn sie so stark in das inhaltliche Geschehen einbezogen werden, dass ihre Teilnahme den Spielablauf tatsächlich verändert. Fragt also eine Theaterpuppe in einer Spielsituation, was sie denn jetzt tun solle, muss sie in dieser offenen Spielform den Ratschlag des Publikums beherzigen. Kommen mehrere Ideen aus dem Publikum, kann sie sich ja die passende auswählen. Diese Öffnung des Stückes kann soweit gehen, dass der Puppenspieler zu Beginn der Aufführung selbst nicht weiß, wie sie enden wird.

In dieser extremen Form ist nicht nur schauspielerische Begabung gefragt, sondern auch Improvisationsfähigkeit und Organisationstalent. Auch in der offenen Form ist eine zeitliche Begrenzung wichtig. Die Aufnahmefähigkeit des Publikums darf nicht überstrapaziert werden. Bedeutung hat auch der gelungene Abschluss des Stückes. Auf ihn darf keinesfalls verzichtet werden. Das Gespür des Puppenspielers und seine Einflussnahme auf die Zuschauer sind an dieser Stelle besonders gefordert. Bei aller Einbeziehung dürfen dem Spieler die Fäden nämlich nie entgleiten – weder die seiner Theaterpuppen, noch die, die er zum Publikum gesponnen hat.

Für Anfänger ist die geschlossene Form einer Puppentheateraufführung oder die halboffene, in der die Zuschauer geplante, vorgegebene Beteiligungen ins Spiel einbringen, sicher empfehlenswerter als die offene Form.

Zusammengefasst lassen sich die Gesichtspunkte der Planung eines Puppentheaterstückes als Checkliste darstellen:

- Die Bühne
- Requisiten und Kulissen
- Der Zuschauerraum
- Die Sitzplätze
- Die Beleuchtung
- Die Musik
- Die Verstärkung der Sprache (Mikrofon)
- Die Theaterpuppen
- Die Körpersprache der Theaterpuppen
- Die verbale Sprache der Theaterpuppen
- Die Identität der Theaterpuppen in ihrer Rolle
- Der Kontakt der Theaterpuppen zum Publikum
- Das Puppentheaterstück in geschlossener, halboffener oder offener Form

Abschließend sei zu den allgemeinen Spielhinweisen noch gesagt, dass die Puppenspieler durch die Theaterpuppen nicht nur gefordert, sondern auch gefördert werden. Theoretisch können schon viele Grundlagen im Kopf entstanden sein. Während des Spiels mit den Puppen kommen einem jedoch oft die besten Ideen. Die Theaterpuppen fördern die Kreativität der Spieler. Da kommt ihnen vielleicht erst während der Proben die Idee, wie beeindruckend die Zauberei des großen Miracotonis auf die Kinder sein könnte, wenn sein Zauberstab eine Wunderkerze wäre, die, in das Zauberfeuer gehalten, plötzlich in vielen leuchtenden Sternen aufflammt. Natürlich wird die Bühnenbeleuchtung just in diesem Augenblick ganz blau.

Oder nehmen wir das Traumtänzerchen, das, auf dem Rücken liegend, mit dem Blick zu den Sternen, den Kindern seine Träume erzählt. Da könnten doch plötzlich symbolische Seifenblasen über die Bühne geblasen werden. Jede Kugel ein Traum, der nach dem Zerplatzen nicht zerstört ist, sondern seinen Inhalt in der Welt verteilt.

Der letzte Spielhinweis ist der wichtigste: Um die Zuschauer mit dem Puppentheater zu begeistern, müssen die Puppentheaterspieler selbst von ihrem Spiel begeistert sein!

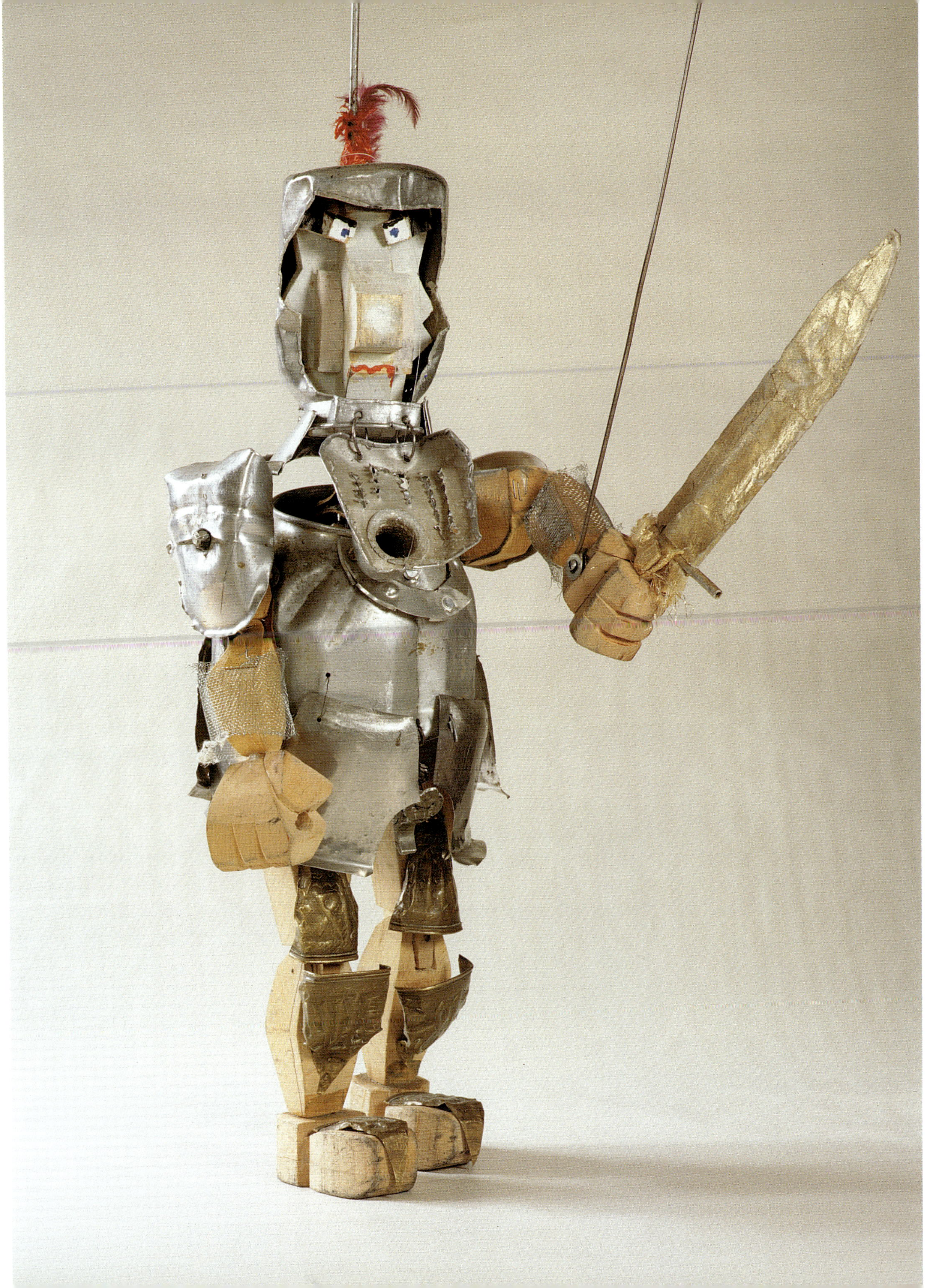

Theaterpuppen, ihre Bühnen und Spielhinweise

Ritter Hugo von Bommsen
Figur von Dieter Baum
für das Ritterspektakel «Eduard und Kunigunde».
Figurentheater Sack un' Pack, Reichshof

1 Allgemeine Hinweise für die Gestaltung von Puppengesichtern

Theaterpuppen sind nicht nur in Menschenform gefertigte Wesen. Tiere, Roboter, Gespenster, Außerirdische, Monster und Fantasiegestalten lassen den Gedanken aufkommen, dass für die Köpfe keine gemeinsamen «Gesichtspunkte» der Gestaltung genannt werden könnten. Dem widersprechen unsere unbewusste und bewusste Deutung von menschlichen Gesichtern und die Botschaften, die wir in der Mimik derselben weltweit und sprachunabhängig verstehen. Diese Interpretationen übertragen wir auch auf den Ausdruck nichtmenschlicher Gesichter.

Auch Theaterpuppengesichter, die Tiere oder Fantasiewesen darstellen, sind meist in den Grundzügen nach menschlichen «Gesichtspunkten» gestaltet. Dadurch verstehen die Zuschauer ohne Worte, welchen Charakter die einzelne Figur darstellen soll. Daran ändern auch Hörner, Antennen oder andere Gestaltungselemente, die vom menschlichen Gesicht abweichen, nur wenig. Aus diesen Gründen wird in diesem Kapitel auch das menschliche Gesicht als Beobachtungsgrundlage verwendet. Übertragungen, Weiterentwicklungen und kreative Ausgestaltungsideen werden bei der Herstellung der Theaterpuppen selbst eingebracht.

Kopf einer sprechenden Theaterpuppe

Bitten Sie einen erwachsenen Menschen um etwas Zeit für einige «Untersuchungen». Schauen Sie der Testperson einfach mal ins Gesicht. Wo liegen Augen, Ohren oder Nase? Eine genaue Messung wird anschließend Beobachtungsfehler verdeutlichen: Legen Sie ihrem Modell waagrecht ein Buch auf den Kopf und messen Sie nun vom Kinn bis zum Buch. Dann messen Sie vom Kinn bis zur Augenhöhle. Dabei ist festzustellen, dass die Augen sich genau in der Mitte dieser Messlatte befinden. Man hätte sie bei der Schätzung eigentlich weiter oben vermutet! Im Gegensatz dazu befinden sich beim Kleinkind die Augen unterhalb dieser Linie.

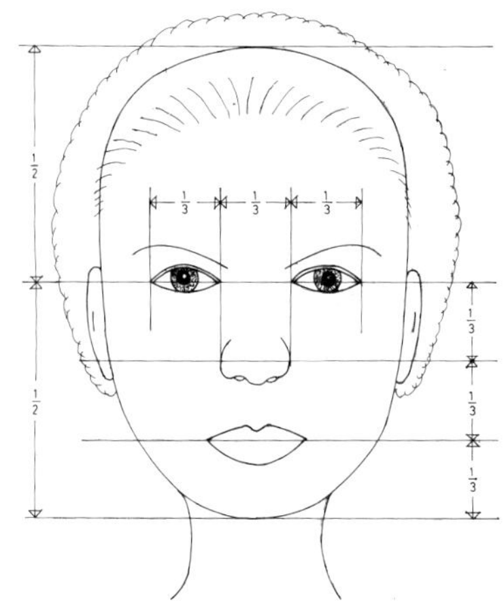

Der Abstand der Augen ist durch längsverlaufende Linien zu ermitteln. Zieht man links und rechts an jedem Augenwinkel eine Längslinie, so ergeben sich drei Spalten für Augen und Nase. Beim Erwachsenen sind diese Spalten gleich breit ($^1/_3 - ^1/_3 - ^1/_3$), während im Kleinkindgesicht die Augen weiter auseinanderliegen ($^2/_7 - ^3/_7 - ^2/_7$). Die Nase ist beim Erwachsenen länger, beim Kleinkind ist die Nasenwurzel nur angedeutet. Die Ohren des Kleinkindes sind proportional zum Kopf größer als die des Erwachsenen. Für die Kopfform selbst ist zu beachten, dass die des Erwachsenen länglich ist, auf einem längeren Hals sitzt und das Gesicht schmaler und flächiger ist. Der Kleinkindkopf dagegen ist rund und sitzt auf einem kurzen Hals. Auch das Gesicht weist Rundungen auf (Babyspeck). Das Kindchenschema weckt in uns Beschützerinstinkte, Wohlgefallen und Assoziationen, die wir mit Wörtern wie «süß» oder «niedlich» benennen.

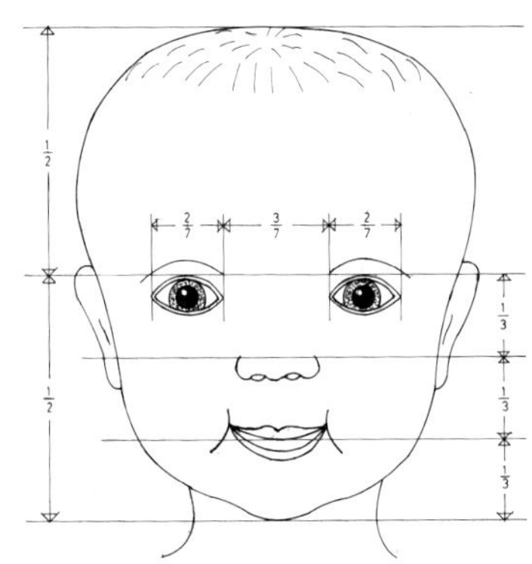

Das Wissen über die anatomischen «Gesichtspunkte» dient jedoch nur als Grundlage für Gestaltungsideen. Wie bei der Karikatur erzeugt erst die Verstärkung einzelner Elemente die gewollten Effekte. Soll zum Beispiel der kindliche Charme einer Theaterpuppe besonders hervorgehoben werden, setzt man die Augen noch ein Stückchen tiefer an und formt sie größer und runder als beim menschlichen Vorbild. Auch Augenlider und Augenbrauen spielen bei der Gestaltung eine wichtige Rolle. Hochgezogene Brauen und Lider, die nicht nur den gesamten Augenfarbkreis, sondern noch etwas Weiß des Augapfels oberhalb und unterhalb dieses Kreises zeigen, bewirken einen extrem neugierigen oder aber erschreckten Gesichtsausdruck. Die passende Mundform entscheidet, welche dieser beiden Schlussfolgerungen vom Zuschauer gezogen werden soll. Halb geschlossene Lider lassen die Theaterpuppe müde und faul auftreten. Zu schmalen, schrägen Schlitzen gezogen und unterstützt durch V-förmige Brauen, schauen die Augen hinterhältig und bösartig auf die Zuschauer herab.

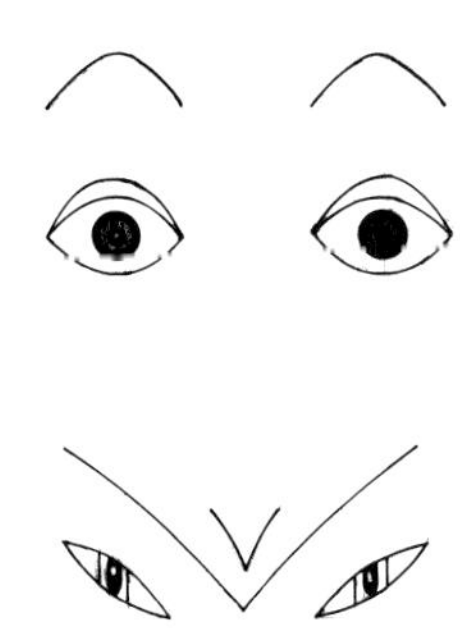

Dieses Herabschauen ist hier wörtlich gemeint! Die Theaterpuppe muss dies tun, damit der Blickkontakt zum Publikum gewährleistet ist. Schaut sie beim Theaterspiel stets über die Köpfe der Zuschauer hinweg, fühlen sich diese nicht genug angesprochen. Bei der Herstellung der Theaterpuppe sollte man sich ab und zu in der Höhe der späteren Zuschauer dem Kopf gegenübersetzen, um den richtigen Blickwinkel zu ermitteln.

Die Augen sind die ausdrucksvollsten und wichtigsten Wahrnehmungsorgane im Gesicht. Doch auch Nase, Mund und Ohren müssen bei der Gestaltung eines Puppenkopfes durchdacht geformt werden. Form und Größe des Mundes sagen nicht nur etwas über die Verfassung der Puppe aus, sondern auch etwas über ihre Charakterzüge. Ein kleiner, schmaler Mund lässt auf einen schüchternen, verschlossenen oder ängstlichen Typ schließen, während ein großer, breiter Mund einen wortgewandten Spaßmacher oder ein angeberisches Großmaul zeigen kann.

Eine Theaterpuppe, die so neugierig ist, dass sie sprichwörtlich ihre Nase in alles hineinsteckt, sollte dies auch optisch durch eine auffällige, lange Nase verdeutlichen. Weiß sie über alles Bescheid, horcht an jeder Tür und hört manchmal sogar das Gras wachsen, zeigt sich dies schon an ihren besonders großen Ohren, die ruhig etwas abstehen dürfen.

Altersunterschiede der einzelnen Theaterpuppen sind ebenfalls schon bei der Herstellung des Gesichtes festzulegen. Weiße oder graue Haare und ein gebückter Gang machen allein noch keine alte Puppe. Das Alter eines Gesichtes läßt sich über Farb- und Formgebung sowie über Faltenbildung darstellen. So darf ein altes Gesicht altrosa, blass und grau, mit roten Äderchen versehen oder von der Sonne lederartig braun gegerbt sein. Im Alter unterliegen Wangen, Mundwinkel und Augenlider dem Gesetz der Schwerkraft. Überzeichnet dargestellt hängt also jeder Gesichtszug nach unten. Dadurch können auch die Tränensäcke die Augen so herunterziehen, dass das Unterlid die rote Innenseite freigibt. Auch das Weiß des Augapfels ist im Alter nicht mehr so strahlend.

Für die Falten empfiehlt es sich, wieder ein menschliches Modell zu bitten, sein vielleicht noch faltenfreies Gesicht in verschiedene Mimikfalten zu ziehen. Diese werden dann jeweils mit einem dunklen Kajalschminkstift direkt im Gesicht nachgemalt. Anschließend wird der Theaterpuppenkopf nach diesem menschlichen Vorbild modelliert oder bemalt. Besonders hervorgehoben werden die Falten, die den Charakter zum Ausdruck bringen sollen, wie zum Beispiel die Zornesfalte, grimmige Mundwinkelfalten oder, im Gegensatz dazu, die Lachfalten.

Unabhängig vom dargestellten Alter der Theaterpuppe lassen sich Charakterzüge durch verschiedene Gestaltungselemente herausarbeiten. Zunehmende Verstärkung von Kinn und Nase lassen das Gesicht energisch bis brutal wirken. Bei der Nase spielt nicht nur die Größe eine Rolle, sondern auch die Platzierung. Normalerweise liegt sie beim Erwachsenen in der Mitte des Gesichtes. Setzt man sie weiter oben an, verkleinert man den Stirnbereich, was den Eindruck von mangelnder Intelligenz hervorruft. Setzt man sie tiefer, kann ein ansonsten erwachsenes Gesicht recht kindisch wirken.

Die Formgebung des Gesichtes wird durch die Farbgebung verstärkt. Die Farbe kann plastische Formen hervorheben oder ungewünschte Unebenheiten

verdecken. Ein farbloses, ganz ebenmäßiges Gesicht wirkt ausdruckslos. Wie beim menschlichen Theaterspieler muss das Make-up der Theaterpuppe stärker sein als in einem naturalistischen Alltagsgesicht. Auch die Scheinwerfer schlucken bei der Aufführung Farbe. Auf das im gewünschten Farbton grundierte Gesicht werden Schattierungen gesetzt. Sind sie heller als die Grundierung, wirken sie als Erhöhung. Dementsprechend wirken die dunkleren Schatten als Vertiefung. Warme Rot- und Orangetöne lassen das Gesicht jung und frisch wirken. Gesichter von Fantasiewesen können auch mit kräftigen Farben, die weder durch weiß oder schwarz vermischt wurden, bemalt werden. Bei der Schattierung ist hier zu beachten, dass warme Farben in den Vordergrund treten, während kalte Farben eher zurückweichen.

Die Mimik der Theaterpuppe kann nur bei der Verwendung textiler Materialien mit der Spielerhand im Puppenkopf echte Verformungen des Gesichtes hervorrufen. Auch Puppen, die bewegliche Gesichtsteile haben, können mimisch nicht viel verändern. Mit der Form- und Farbgebung legen wir den Gesichtsausdruck der Theaterpuppe fest. Diese Bedeutung sollte man sich bei der Herstellung des Puppenkopfes bewusst machen. Manchmal muss man auch die Idee einer geplanten Figur loslassen können.

Wenn nach der Fertigstellung des Gesichtes die geplante, liebreizende Prinzessin ein viel zu starkes Kinn und eine niedrige Stirn hat, würde sie auch im schönsten Seidenkleid und mit der Krone im Lockenhaar im Extremfall dumm und brutal wirken. Es ist also sinnvoll, die Planung umzuwerfen und für diesen Kopf eine geeignete Identität zu finden. Zwar gilt auch bei Theaterpuppen das Sprichwort «Kleider machen Leute», doch letztlich wirkt ein völlig unpassendes Kostüm auch bei ihnen nur als Verkleidung. Besser ist es, die Persönlichkeit der Puppe und die Ausstrahlung ihres Gesichtes mit passender Kleidung und Frisur zu unterstreichen.

Ausgeprägtes Gesicht des Zauberers mit großer Nase und tiefen Falten

2 Das Miniaturtheater und seine Darsteller

Vielleicht hätten auch die Neurospasten der Antike an den kleinen Figuren ihre Freude gehabt. Auf jeden Fall kommen bei den Säulen des Miniaturtheaters manche Gedanken an alte Zeiten auf. Magisch wird es, wenn im Märchen aus *Tausend und einer Nacht* der Prinz das Zauberpferd zum Schweben bringt.

An einem einzigen dünnen Draht befestigt «leben» die Darsteller beim Spiel durch die Bewegung der Gesamtfigur. Vorsichtiges ruhiges Schieben des Drahtes über die Führungsstange lässt die Figuren gemessen über die Bühne schreiten. Nach oben ziehen, schnelle Bewegungen und Drehungen am Drahthaken verwandeln die kleinen Schauspieler in wild tanzende, hüpfende und scheinbar vollbewegliche Wesen.

Die Faszination, die dieses Theater auf seine Zuschauer ausübt, liegt natürlich an seinem Format. Im abgedunkelten Raum steht es am besten auf einem Tisch, an dessen Kante ein Klemmspotstrahler befestigt ist, der ausschließlich das Miniaturtheater beleuchtet und so für die wichtige Atmosphäre sorgt.

BAUANLEITUNG

Das Miniaturtheater

Das Theater

Die untenstehende Planzeichnung wird auf die Originalmaße vergrößert und die einzelnen Teile (Grundplatte, Bühnenboden, vordere und hintere Bühnenansicht) auf eine Holzplatte übertragen. Die Stärke der Holzplatte liegt im Bereich von 6 bis 10 mm, damit sie auch von Hand mit einer Laubsäge einfach zu bearbeiten ist. Das Tiefenmaß für Grundplatte und Bühnenboden beträgt 110 mm. Alle anderen Maße, ebenfalls in mm, können der Planzeichnung entnommen werden.

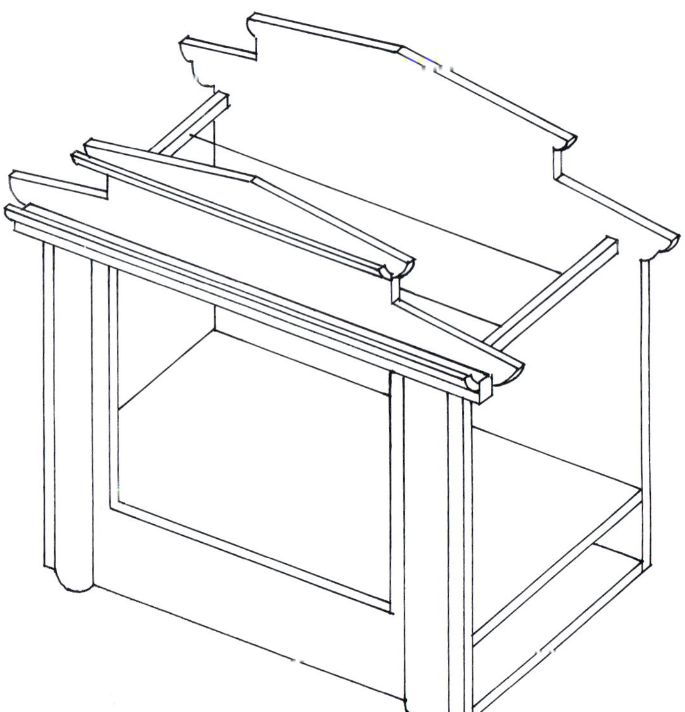

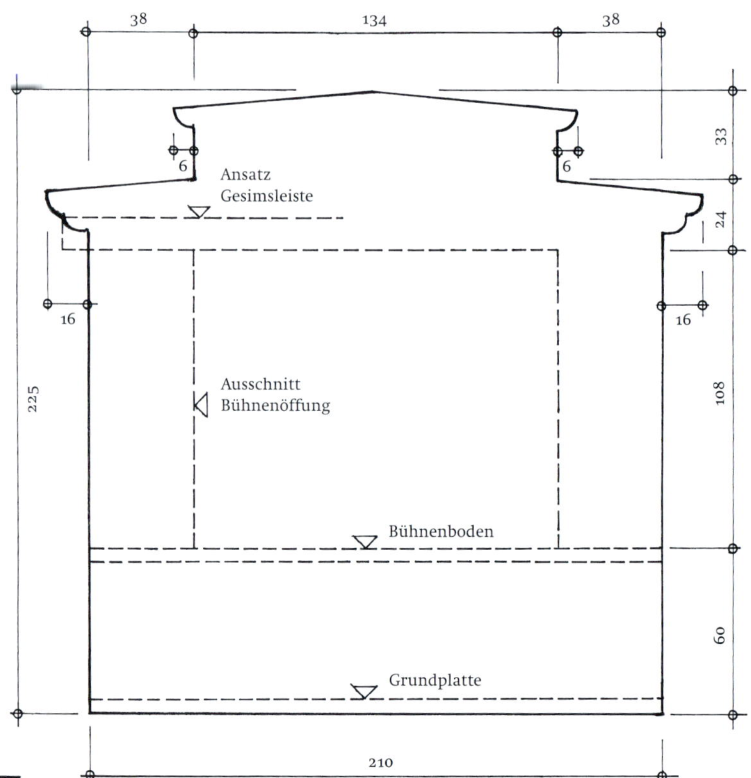

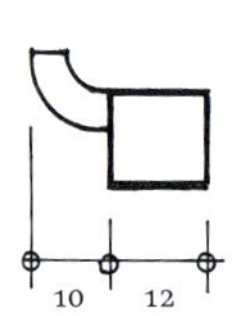

Alle Maßangaben in mm

Die vier Teile werden ausgesägt, mit Sandpapier glattgeschmirgelt und im Sinne des Entwurfes zusammengenagelt. Die beiden Vierkantstäbe müssen oberhalb der Bühnenausschnittsöffnung angebracht werden. Nachdem mit der Bohrmaschine die markierten Löcher in die Vierkantstäbe gebohrt worden sind, schiebt man Schaschlikspieße hindurch, die später als Führungsstangen dienen. Holzleim fixiert diese.

Zur plastischen Gestaltung des Theaters werden Halbrundstäbe als Säulen sowie Vierkanthölzer und Viertelstäbe in entsprechender Länge zugesägt und mit Holzleim angeklebt. Natürlich kann das Miniaturtheater individuell noch weiter ausgestaltet werden: In der Abbildung ist zum Beispiel eine Version mit vorangestellten, halbkreisförmigen Stufen zu sehen (nicht im Bauplan enthalten!). Für den Anstrich verwendet man gut deckende Farben, die nach dem Trocknen mit Mattlack überzogen werden.

MATERIAL

- Sperrholzplatte zum Aussägen der Plattenteile (etwa 40 x 50 cm)
- 2 Halbrundstäbe für die Säulen (etwa 2,5 cm dick, je 10,8 cm lang)
- 2 Viertelstäbe (etwa 1 cm dick, 14 und 23 cm lang)
- 2 Vierkantstäbe zur oberen Querverbindung (mindestens 0,5 cm dick, je 11 cm lang)
- Vierkantstab für Gesimsleiste (etwa 1 cm dick, etwa 23 cm lang)
- 2 Schaschlikspieße (etwa 19 cm lang)
- Karton, Rundholzstab (Schaschlikspieß, etwa 22 cm lang) für Kulisse
- Pappe, Stoffrest und Rundholzstab (Schaschlikspieß) für Vorhang
- Deckfarben, Mattlack
- Kleine Nägel, Holzleim

WERKZEUG

- Laubsäge
- Hammer
- Bohrmaschine
- Pinsel

Die Kulisse

Das Format des Kulissenkartons (etwa 18 x 13 cm) muss bei dem eigenen Theater genau überprüft werden, da die Stärke der Vierkanthölzer und deren Anbringung etwas variieren kann. Die Kulisse soll reibungslos durch die Vierkanthölzer direkt vor der Bühnenrückwand eingeschoben werden können.

An der Oberkante der Kulisse dient ein mit Klebeband befestigter Rundholzstab (Schaschlikspieß) der einfachen Handhabung beim Kulissenwechsel.

Bei der thematischen Ausgestaltung der Kulisse sind der Fantasie im Gestaltungsbereich keine Grenzen gesetzt.

Der Vorhang

Für den Vorhang wird ein mit der Kulisse identisches Papprechteck, ebenfalls mit Rundholzstab versehen, mit Stoff bezogen. Die Pappe wird flächig mit einem Klebestift bestrichen und der passend zugeschnittene Stoff in kleinen Wellen aufgeklebt, wodurch der Fall des Vorhanges vorgetäuscht werden soll.

Auf die Pappe als festen Untergrund darf nicht verzichtet werden, da ein einfacher Stoffvorhang beim Einsatz während des Spiels durch umständliche Handhabung die Funktion und somit auch die Theaterstimmung beeinträchtigen würde.

HERSTELLUNG

Das Zauberpferd und der Prinz

Für die Herstellung der kleinen Figuren gibt es so viele Möglichkeiten und hier soll nochmal deutlich darauf hingewiesen sein, dass es sich bei dem Prinz und dem Zauberpferd um exemplarische Vorschläge handelt, die durch eigene Ideen auch im Materialbereich ergänzt und ersetzt werden können.

Für das Zauberpferd werden Pfeifenputzer (im Fachhandel auch unter dem Begriff «Biegeplüsch» erhältlich) zugeschnitten, die Einzelteile mit einer Schlingung verdrahtet und in die gewünschte standfeste Form gebogen. Eine Gipsbinde (erhältlich in Apotheken) wird in kleine Stücke zerschnitten, die kurz in Wasser getaucht, ausgedrückt und sofort um den Drahtkörper gewickelt werden. Der Gips wird innerhalb weniger Minuten schon fest.

Zur Befestigung des Spieldrahts muß der Schwerpunkt der Figur durch probeweises Befestigen ermittelt werden. Hat man die Stelle gefunden, an der die Figur, ohne aus dem Gleichgewicht zu geraten, geführt werden kann, wird der Draht durch Miteingipsen befestigt. Ist die Gipsfigur fertig, kann sie schon nach kurzer Zeit bemalt werden, da der Gips sehr schnell trocknet.

MATERIAL

- Pfeifenputzer (Biegeplüsch)
- Wollreste
- Lurexfaden
- Gipsbinde
- Wasserfarben, Mattlack
- Holzperlen

WERKZEUG

- Schere
- Pinsel

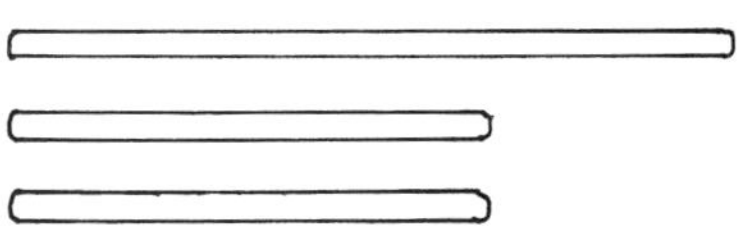

Pfeifenputzer

Kopf, Wirbelsäule und Schweifansatz aus einem Pfeifenputzerstück formen

Beinpaare um Kruppe und Widerrist des Pferdekörpers schlingen

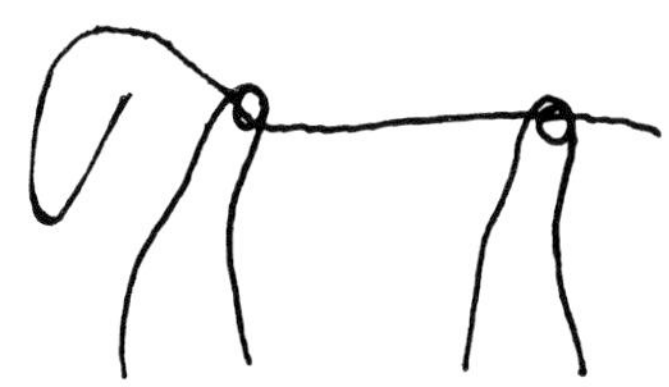

Gipsbinde

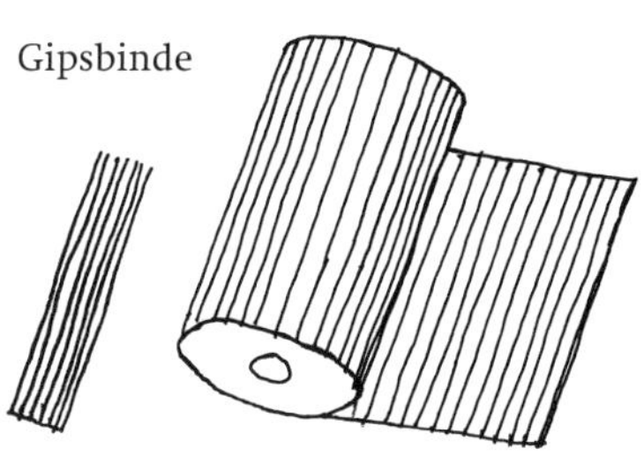

Feuchte Gipsbindenabschnitte mehrschichtig um Pfeifenputzer-Körpergerüst wickeln und plastisch ausformen

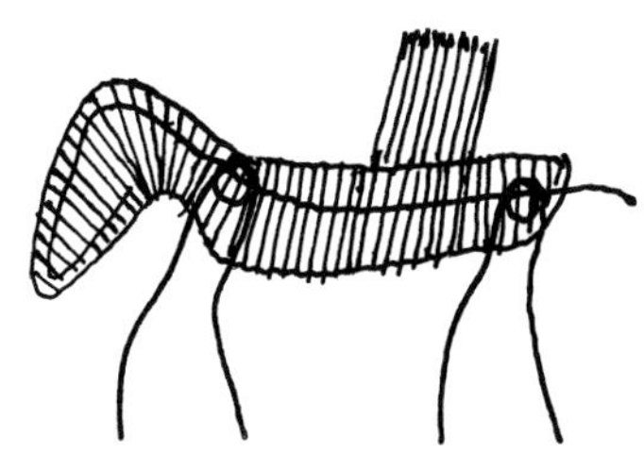

Silberdraht mit Gips am Figurenschwerpunkt befestigen

Zauberpferd bemalen

Für den Körper des Prinzen wird ein nicht zu starker Wollfaden um eine Streichholzschachtel aufgewickelt. Der gewickelte Strang wird an einer Seite aufgeschnitten und mit dem Führungsdraht mittig abgebunden. Ein Stück Pfeifenputzer (Biegeplüsch) wird als Arme in diese Mitte gelegt und der zusammengeklappte Wollstrang direkt unterhalb der Arme mit einem Lurexfaden als Taille abgebunden. Der Wollstrang wird wieder in zwei gleiche Teile zerlegt. Diese werden ebenfalls mit dem Lurexfaden im Knöchelbereich abgebunden. Eine Holzkugel, durch den Führungsdraht gezogen, wird zum Kopf, kleine Holzperlen werden auf die Biegeplüscharme als Hände aufgeklebt. Ein Stück Biegeplüsch wird zum Turban gewickelt und mit Klebstoff fixiert.

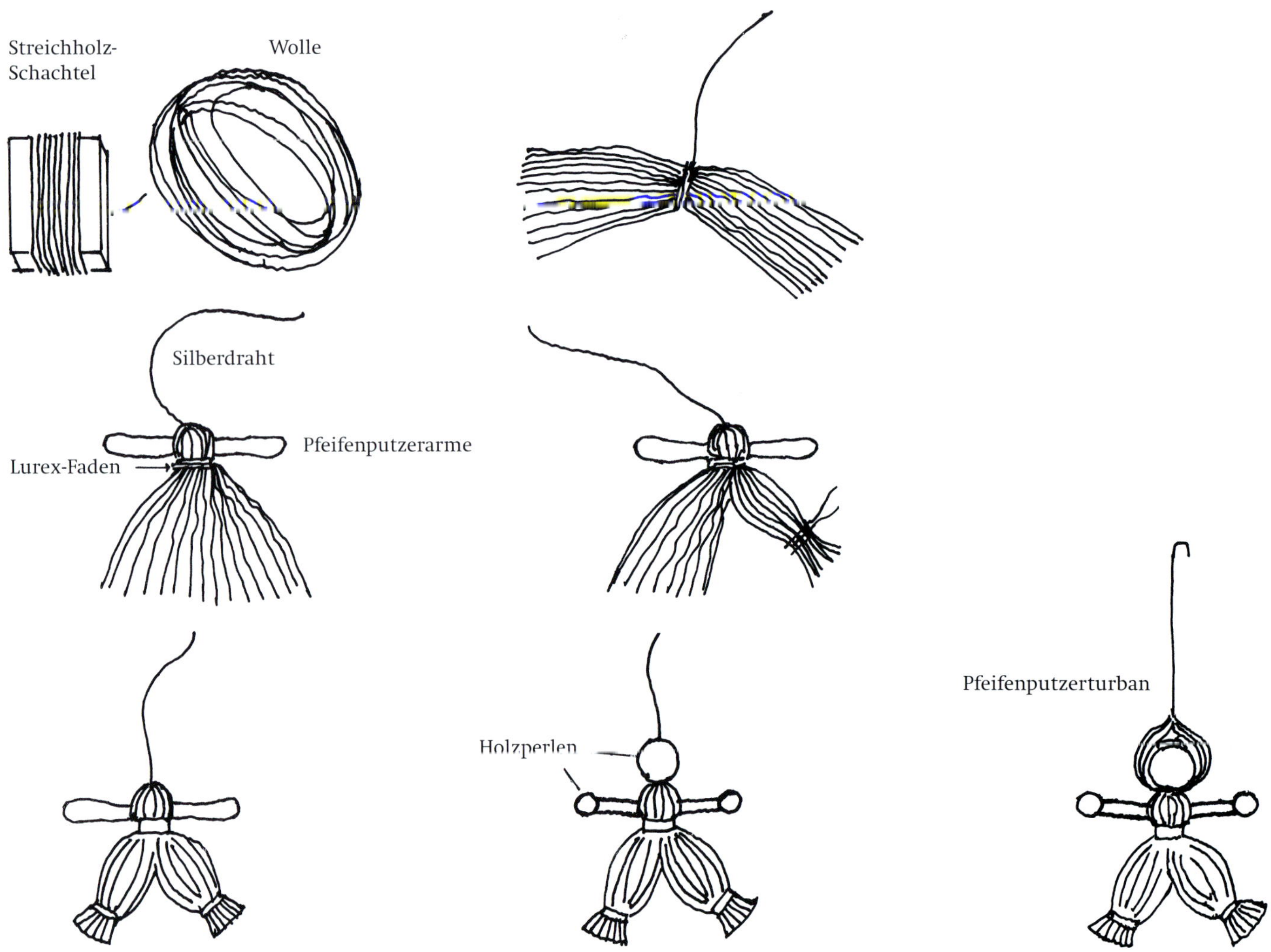

Der Führungsdraht der Figuren wird bei der ersten Theaterprobe auf die richtige Länge gekürzt. Dabei ist zu beachten, dass die Figuren weder über dem Boden schweben (zu kurzer Draht), noch hin und her kippen (zu langer Draht). Am oberen Ende wird ein Haken zur Aufhängung gebogen.

SPIELHINWEISE

Der kleine Zuschauerkreis sitzt vor dem Miniaturtheater und wartet auf die Vorstellung. Noch ist der Vorhang geschlossen. Der Puppenspieler steht dunkel gekleidet hinter dem Theater und bedient die Musikanlage. Während die Ouvertüre erklingt, hebt sich nun der Vorhang und die Kulisse im Hintergrund zeigt den Schauplatz der Geschichte.

Durch die seitliche Öffnung führt der Puppenspieler die kleinen Darsteller am silbernen Draht auf die Bühne. Die Führungsstangen ermöglichen, dass die Figuren mittels eines Hakens am Drahtende an ihnen eingehängt werden können und die Spielerhände für weitere Darsteller, Kulissenwechsel oder Bedienung der Musikanlage frei sind.

Methodisch empfiehlt sich eine Kombination von darstellenden und erzählenden Elementen. So muss nicht jede Nebenrolle figürlich dargestellt werden. Szenenwechsel hinter dem geschlossenen Vorhang bieten sich für solche Erzählsequenzen an.

Das beleuchtete Miniaturtheater zieht die Blicke der Zuschauer in den Bühnenraum. Erst wenn der letzte Vorhang gefallen und das Deckenlicht angeknipst ist, werden die Augen der Zuschauer die Miniaturwelt verlassen.

3 Das Kistentheater mit einschiebbaren Kulissen und Pappfiguren

Das Kistentheater kann schon von Schulkindern selbst hergestellt werden. Bei der Vorstellung besteht die Möglichkeit, dass mehrere Akteure gleichzeitig «die Puppen tanzen lassen». An einem verregneten Sonntagnachmittag lässt sich im Familienhaushalt sicher eine alte Pappkiste finden. Die Spielschlitze sind schnell in die Kiste geschnitten und für die Figuren können improvisiert beliebige Pappverpackungen verwendet werden. Bestimmt gibt es in der Küchenschublade Schaschlikspieße oder chinesische Essstäbchen, die als Führungsstäbe einsetzbar sind.

Nach der Absprache, welches Stück aufgeführt werden soll, können alle Familienmitglieder mit Zeichnen, Ausschneiden und Bemalen der Figuren sowie der Herstellung der Kulisse beginnen. Noch vor dem Abendessen findet die erste Aufführung statt.

BAUANLEITUNG

Das Kistentheater

Eine festwandige Pappkiste wird von etwaigen Resten ihrer bisherigen Bestimmung befreit und auf ihre Stabilität hin überprüft. Da sie an einer Seite ganz geöffnet wird und von drei Seiten Spielschlitze eingeschnitten werden, muss die Pappe so stark sein, daß die Kiste nach dieser Bearbeitung nicht in sich zusammenbricht.

Der Deckel der Kiste wird mit einem scharfen Messer vollständig entfernt. Diese Seite wird zur Bühnenöffnung. Damit die Figuren die Bühne betreten können, müssen Spielschlitze in die Wände eingeschnitten werden. Die Anzahl der Spielschlitze wird durch die Tiefe der Kiste bestimmt. Die Höhe der Spielschlitze orientiert sich an der Größe der Figuren und lässt ihnen auch noch Spielraum für höhere Sprünge. Bis zur oberen Kante sollten sie jedoch nicht reichen, da der Kiste somit wieder Stabilität genommen würde.

Auch die Oberseite wird mit Spielschlitzen versehen, damit entsprechende Spielfiguren auch «eingeflogen» werden können.

Die Kulissenöffnung kann seitlich oder von oben eingeschnitten werden. Wählt man die zweite Variante, muss die Kulisse an der Oberkante mit einem Stab verstärkt werden, damit sie nicht durch den Öffnungsspalt rutscht. Von der Seite eingeschoben, genügt ein entsprechender Überstand, an dem die Kulisse gezogen und geschoben werden kann. Der Bühnenboden ist im gezeigten Kistentheater mit einer Rasenplatte versehen, wie sie auch im Modellbau (zum Beispiel für Eisenbahnen) verwendet wird.

Kulissen

Für alle Kulissen wird Fotokarton oder eine ähnlich feste Pappe verwendet. Die große Kulisse bedeckt die ganze Rückwand und ist im Format nur um wenige Millimeter schmaler geschnitten, damit sie eingeschoben werden kann, ohne hängen zu bleiben. Als Hintergrundkulisse zeigt sie zum Beispiel Landschaften oder Silhouetten von Städten. So ein Hintergrundbild kann man natürlich frei von Hand malen. Wer hier nicht so begabt ist, sollte zu einem der folgenden Tricks greifen: Ein Kalenderblatt, ein Zeitungsausschnitt oder eine sonstige Abbildung kann auf das gewünschte Format kopiert werden. Farbko-

Vorderansicht

Alle Maßangaben in mm

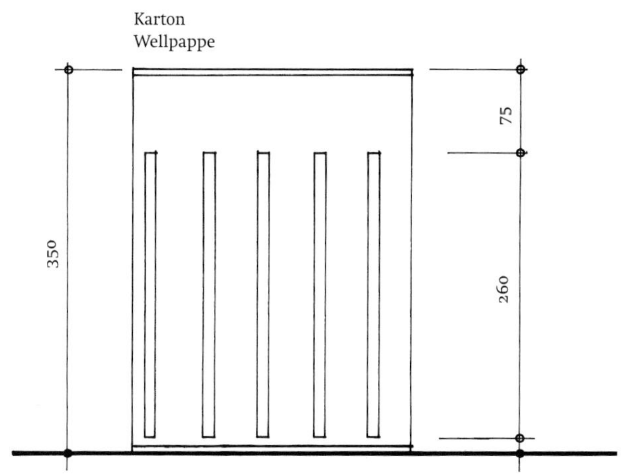

Seitenansicht

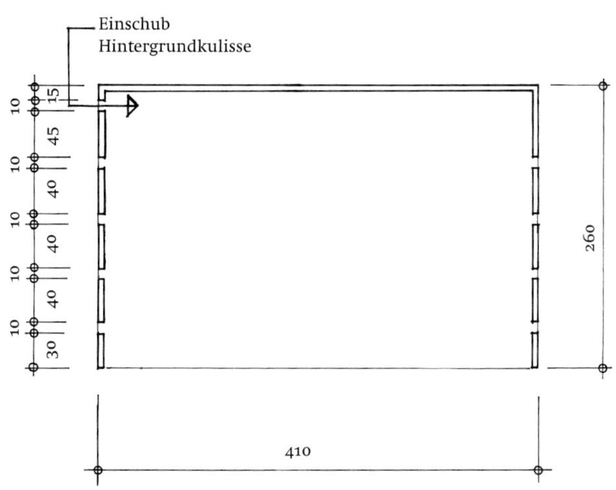

Grundriss

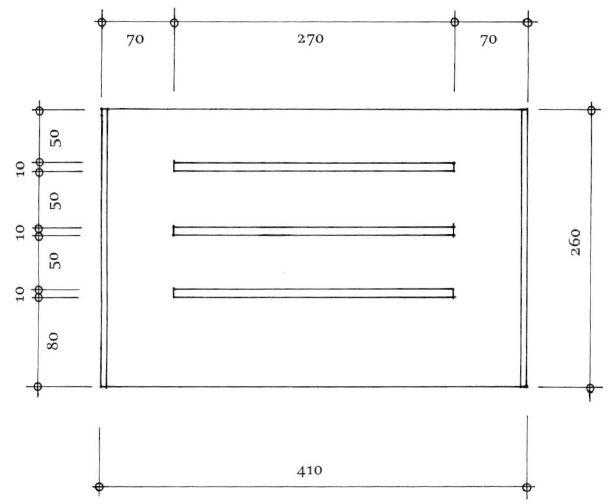

Draufsicht

MATERIAL

- Stabiler Pappkarton
- Fotokarton, Pappe
- Holzstäbe (Länge orientiert sich an der Kistengröße)
- Holz- oder Wasserfarben
- Kataloge/Prospekte für Collagen
- Klebstoff
- Eisenbahngras (Modellbaugrasplatten)

WERKZEUG

- Scharfes, spitzes Messer
- Schere
- Lineal

pierer bringen fotoähnliche Ergebnisse. Es geht aber auch mit der guten alten Durchpausmethode: Pauspapier auf das gewünschte Motiv legen, mit Bleistift Konturen nachfahren und auf weißen Karton kleben und anmalen.

Ein weiterer Trick ist, ein für die Kulisse passendes Dia an eine Wand zu projizieren, an der das Kulissenpapier befestigt ist. Die Größe des projizierten Bildes wird durch den Abstand zwischen Projektor und Wand bestimmt. Auch hier werden mit einem weichen Bleistift die Konturen der Abbildung nachgezogen. Die farbliche Ausgestaltung der Kulisse berücksichtigt, dass die Figuren im Vordergrund auch in ihrer Farbwirkung die Hauptrolle spielen sollen.

Zusätzliche Teilkulissen können auch durch die Seitenschlitze geschoben werden. Das Gebüsch des abgebildeten Kistentheaters ist in Collagetechnik auf Pappe gestaltet. Ein ausgedienter Gartenkatalog liefert die verschiedenen Sträucher zum Ausschneiden und Aufkleben.

Vögel doppelt ausschneiden
und Stab zwischen den beiden
Schichten einkleben

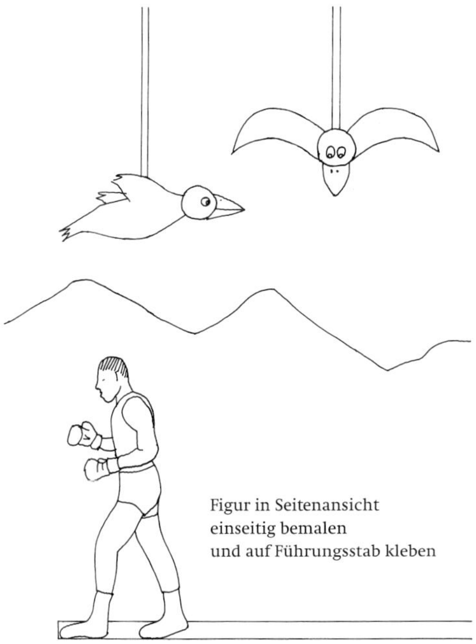

Figur in Seitenansicht
einseitig bemalen
und auf Führungsstab kleben

HERSTELLUNG

Die Darsteller

Auch für die Darsteller wird Fotokarton oder Pappe verwendet. Die Figuren, die durch die Seitenschlitze eingeschoben werden, müssen nach dem Ausschneiden nur von einer Seite bemalt werden. Ihre Spielrichtung geht von links nach rechts oder umgekehrt. Drehungen sind nicht möglich; deshalb sind sie auch nur von vorne sichtbar.

Figuren, die entsprechend der Spielrichtung von oben nach unten durch die Deckenschlitze geführt werden, können Drehungen machen und müssen deshalb von der Vorder- und Rückseite ausgestaltet sein. Mit Klebstoff oder Doppelklebeband werden die Pappfiguren an den Enden der Führungsstangen fixiert. Die Länge der Führungsstangen orientiert sich an der Größe des Theaters. Sie müssen so lang sein, dass die Figur bequem bis zur gegenüberliegenden Seite bzw. von oben nach unten geführt werden kann und noch genügend Stablänge zum Festhalten bleibt.

SPIELHINWEISE

Das Kistentheater wird in Augenhöhe der Zuschauer auf einen Tisch gestellt und die Figuren können je nach Größe des Theaters von einer, zwei oder mehreren Personen gleichzeitig geführt werden. Die Spieler der Seitenfiguren sitzen links oder rechts neben der Bühne. Sie schieben die Pappfiguren durch die Seitenschlitze und achten darauf, dass die Stäbe waagrecht am Theaterboden entlang geschoben werden. Nur bei Sprüngen der Figuren gibt es eine Auf- und Abbewegung des Führungsstabes.

Die von oben kommenden Spielfiguren fliegen durch das Theater und können sich auch drehen. Die Flugbewegung wird beim Spielen durch gleichmäßig ruhige Bewegungen nachgeahmt. Die Figuren verlassen die Bühne ihrer Rolle entsprechend gehend oder fliegend und können durch die verschiedenen Schlitze weiter hinten oder im Vordergrund des Theaters agieren. Ein kleiner Scheinwerferspot, an der Tischkante befestigt, bringt auch bei diesem Theater die Bühne ins richtige Licht.

4 Kopfstockpuppen aus dem Koffertheater

Das Koffertheater bietet den Spielenden und den Zuschauern interessante Wechselsprünge von der «großen» in die «kleine» Welt und umgekehrt. Ein reisender Mensch, in Hut und Mantel gehüllt, betritt mit einem alten Koffer die Bühne und erzählt von einem Erlebnis seiner Reise. Kein Zuschauer kommt auf die Idee, im Puppentheater zu sein. Doch plötzlich möchte der Reisende einen Ausschnitt der Erzählungen für die Zuschauer sichtbar machen und öffnet den Koffer. Die Stabpuppen betreten die kleine Welt im Koffer und für die Zuschauer gerät der Reisende in Vergessenheit, bis der Koffer wieder geschlossen wird.

HERSTELLUNG

Das Koffertheater

Ein stabiler Reisekoffer mit feststehenden Seitenwänden, der auch mit aufgeklapptem Deckel nicht umkippt, wird zum Theater. In seinem Deckel wird die Kulisse mit Doppelklebestreifen befestigt. Im gezeigten Beispiel handelt es sich um eine auf Kofferdeckelmaße vergrößerte Landschaftsfotografie. Natürlich sind viele andere Techniken der Kulissengestaltung möglich.

Der Kofferinnenraum kann mit verschiedenen Materialien zum Bühnenboden ausgekleidet werden. Im vorliegenden Fall übernimmt diese Funktion ein Stück Kunstrasen, das zur Wiese vor dem Kornfeld des großen Zauberers wird. Der Bühnenboden muss der Spielhöhe des Kofferrandes entsprechen, da die Figuren während des Spiels sonst im Koffer versinken würden. Durch Zeitungen oder Tücher kann die fehlende Höhe ausgefüllt werden. Steht der Koffer auch ohne Inhalt kippsicher, empfiehlt sich zur Erhöhung eher eine zugeschnittene Styroporplatte unter dem Bühnenboden. Das Koffertheater ist dann leichter zu tragen. Kulisse und Bodenmaterial müssen so im Koffer befestigt werden, dass dieser jederzeit auf- und zugeklappt und auch am Griff getragen werden kann, ohne dass die Bühnengestaltung in ihm durcheinandergerät.

Die Kopfstockpuppen

Entscheidend für die Spielfunktion ist der Holzstock, der, am Kopf der Figuren befestigt, zum Führungsstab wird. Die Länge des Stabes errechnet sich aus der Körpergröße des Puppenspielers und aus der Standhöhe des Koffertheaters. Wird der Koffer während der Vorführung auf den Fußboden gestellt, muss der Stab länger sein, als wenn er generell auf einem Stuhl oder Tisch abgestellt wird.

Der Durchmesser des Stabes richtet sich nach der Holzkugel, die als Kopf verwendet wird. Sie sollte ganz durchbohrt sein, damit der Stab noch als Hals auf der anderen Kugelseite erscheinen kann. Soll die Kopfstockpuppe später ein bodenlanges Gewand tragen, kann der Stab auch durch die ganze Körperlänge der Figur geschoben werden. Kopf und Stab werden mit Holzleim an der entsprechenden Stelle fixiert.

MATERIAL

- Koffer
- Kulisse in Kofferdeckelgröße (z. B. vergrößertes Landschaftsfoto)
- Bodenbelag, z. B. eine Kunstrasenplatte, unterlegt mit Styroporplatte, Zeitungen oder Tüchern
- Holzkugeln
- Holzstangen
- Holzleim, Heißklebepistole, Alleskleber
- Pappröhren
- Wasserfarben
- Mattlack
- Plüschplatten
- Wollreste, Flachs
- Filzreste
- Rupfenstoff
- 2 kleine Plastik- oder Holzröhren
- Holzhände und -füße (Bastelladen)
- Rote Lackfarbe
- Nadel und starker Zwirn
- Stroh, Ähren
- Pfeifenputzer

WERKZEUG

- Schere
- Nähnadeln

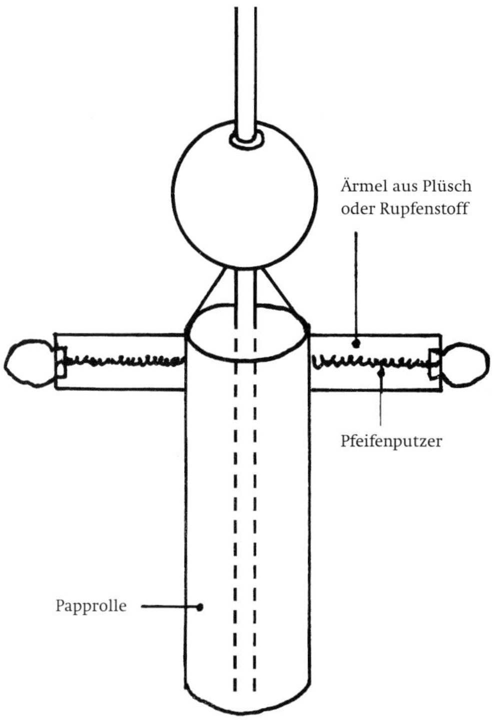

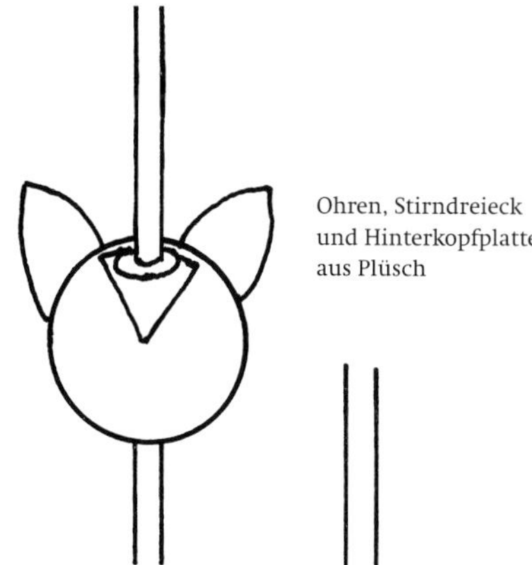

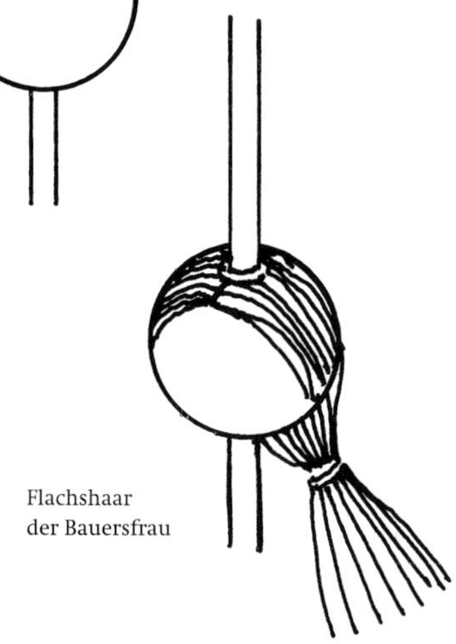

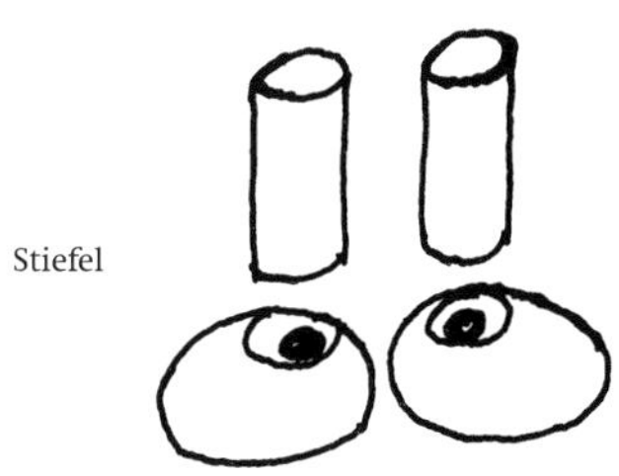

Der gestiefelte Kater

Für diese Figur wird der Stab nur auf Halslänge durch die Holzkugel geschoben. Für den Körper wird eine Papprolle (zum Beispiel Toilettenpapierrolle) mit einer Plüschplatte beklebt. Diese Platte wird so zugeschnitten, dass sie die Rolle an der Oberkante soweit überragt, dass sie mit einem Heftfaden am Hals zusammengezogen werden kann. Die Arme sind zwei zusammengenähte oder -geklebte Plüschschläuche, in die jeweils ein Pfeifenputzer eingelegt wurde. Dieser Biegeplüschdraht ermöglicht, dass die Arme immer wieder in neue Positionen gebogen werden können. Die Plüscharme werden auf Schulterhöhe angenäht. Als Gürtel wird ein Filzstreifen auf Taillenhöhe um den Körper geklebt und mit einer Gürtelschnalle (Pailette, Knopf, ...) geschmückt.

Die Stiefel sind zwei feste Röhren aus Pappe oder Kunststoff, die mit Heißkleber auf vorgefertigte Holzfüße aus dem Bastelladen geklebt und lackiert werden. Sie können auch aus Modelliermasse geformt oder aus Lederresten genäht und ausgestopft werden. Mit Heißkleber werden sie in die Pappröhre des Körpers eingeklebt. Der fertige Körper wird mit dem stabilen Heftfaden direkt unter dem Kopf am Halsstab befestigt und zusätzlich mit Heißkleber fixiert. Der Hinterkopf und die dreieckig geschnittenen Ohren sind, wie das Körperfell, aufgeklebte Plüschplatten. Das Gesicht wird mit Wasserfarben katzenhaft aufgemalt und nach dem Trocknen lackiert.

Die Bauersfrau

Bei ihr kann der Holzstab durch den ganzen Körper führen. Das gibt beim Spiel zusätzliche Standfestigkeit. Die Papprolle ist länger als beim gestiefelten Kater, da sie das Kleid bis zum Boden unterfüttert. Rupfenstoff wird auf die Größe der Papprolle zugeschnitten, wobei auch hier der Stoff die Oberkante so überragt, dass er mit einem Heftfaden am Hals zusammengezogen werden kann. In die Rupfenstoffschläuche der Arme werden zwei kleine Holzhände aus dem Bastelladen eingeklebt und die Arme auf Schulterhöhe angenäht oder -geklebt. Ein zusammengebundener Ährenstrohbüschel wird von beiden Armen umschlossen festgeklebt. Der fertige Körper wird wie beim gestiefelten Kater mit einem stabilen Halsfaden direkt unter dem Kopf am Halsstab befestigt und zusätzlich mit Heißkleber fixiert.

Die Haare der Bauersfrau sind aus Flachs auf den Kugelkopf geklebt. Natürlich können auch Wollreste verwendet werden. Schön wird die Frisur, wenn die Flachs- oder Wollhaare vor dem Aufkleben mit Nadel und Faden einen Mittelscheitel genäht bekommen, der die Perücke auch besser zusammenhält. Nach der Befestigung auf dem Kopf wird ein Zopf abgebunden oder geflochten. Das Gesicht wird mit Wasserfarben gemalt und nach dem Trocknen mit Lack fixiert.

SPIELHINWEISE

Wenn der reisende Mensch mit seinem Koffer die Bühne betritt, ist er noch kein Puppenspieler, sondern menschlicher Schauspieler. Passend zum späteren Puppenspiel führt der Reisende das Publikum zum Ort des Geschehens. Im Beispiel des gestiefelten Katers muss er seine Reise mit einer Zeitmaschine antreten, da ihn kein Flugzeug und kein Zug in die mittelalterliche Zeit der Burgen, Zauberer, Grafen und sprechenden Kater zurückbringen kann. Da es sich in dieser Welt auch nicht schickt, in Hut und Reisemantel der heutigen Zeit herumzulaufen, legt er beides schnell ab, um sich im mittelalterlichen Kostüm der Spielleute, Gaukler und Geschichtenerzähler zu präsentieren. Ein Höhepunkt seiner Reise ist die Audienz beim Grafen, der ihm die wundersame Geschichte erzählt, wie er zu Schloss, Wälder, Felder und Wiesen mit der Hilfe eines Katers gekommen ist; ursprünglich war er nämlich ein Müllerssohn.

Der Geschichtenerzähler dimmt jetzt die Bühnenbeleuchtung ab und richtet das Licht (Spot) auf den Koffer. Er öffnet ihn und führt die Aufmerk-

samkeit des Publikums in die Kofferlandschaft. Von einem versteckten Ort holt er nun schnell die Kopfstockpuppen und lässt sie, am Stab geführt, über die Seiten in die Kofferwelt einsteigen. Auf dem Bild fragt der Kater gerade die Bäuerin, wem all die Felder und Wiesen gehören.

Bei Szenenwechseln verlassen die Kopfstockpuppen die Kofferbühne und verstecken sich, bis der Puppenspieler vor den Augen der Zuschauer Kulisse und Bodenfläche gewechselt hat, begleitet von seiner Erzählung. Diese Methode ermöglicht, dass auch nicht jedes Detail des Märchens im Koffertheater dargestellt werden muss, sondern nur einzelne Sequenzen gespielt und andere wieder erzählt werden können.

Am Ende der Vorstellung gehen die Figuren in ihr Versteck, der Erzähler schließt den Koffer, zieht den Mantel an und setzt den Hut auf. Die Bühnenbeleuchtung wird erhellt und die Zuschauer befinden sich wieder auf dem Bahnhof. Welche Reise wird das Koffertheater wohl beim nächsten Termin antreten?

5 Handpuppen hinter der dreiteiligen Puppenbühne

Wer die Handpuppen in der hier vorgestellten Technik aus textilem Material nähen möchte, sollte mit der Nähmaschine vertraut sein oder Zeit und Geduld für eine sorgfältige Handnäharbeit mitbringen. Die Faszination der Handpuppen liegt in ihrer Ausdrucksfähigkeit durch ihre Gestik. Auch wer sich für einen Kopf aus einem anderen Material entscheidet, sollte für den Körper nicht auf die Beweglichkeit des textilen Materials verzichten. Für Kinder haben Handpuppen manchmal dieselbe Bedeutung wie ein Kuscheltier oder ihre Babypuppe. Auf der Hand des Kindes können sie ihm als Gesprächspartner dienen, auf seine Fragen hin mit dem Kopf nicken, nach ihm greifen oder ihm etwas ins Ohr sagen. Das Rollenspiel, das das Kind mit sich selbst und seiner Handpuppe spielt, kann auch als Einschlafbegleitung ausklingen. Die textile Handpuppe schläft gerne mit im Kinderbett, allerdings ist bei dieser Verwendung eine Verarbeitung der Puppe wichtig, die keine ablösbaren Kleinteile zulässt.

BAUANLEITUNG

Das Theater

Für die drei Teile der Bühne lässt man entsprechend der Zeichnung eine etwa 1 cm starke Holz- oder Pressspanplatte am besten gleich in der Holzhandlung nach angegebenem Maß zuschneiden.

Mit einer Stichsäge wird das Sichtfenster (40 x 50 cm) ausgesägt. Die Seitenteile werden mit Scharnieren links und rechts am größeren Mittelteil verschraubt. Für eine stabile Befestigung empfiehlt es sich, die Scharnierlöcher durchzubohren und Gewindeschrauben mit Muttern zu verwenden. Am unteren Rand des Fensters wird ein Ablagebrett angeschraubt. Während des Theaterstückes können die Handpuppen ihre Spielutensilien darauf ablegen.

Wer der dreiteiligen Bühne einen farbigen Anstrich geben möchte, muss darauf achten, dass Farbgebung und eventuelle Verzierungen nicht zu auffällig sind und sich in den Vordergrund spielen. Die Wirkung der Handpuppen während der Vorstellung wäre sonst beeinträchtigt. Eine Gardinenstange wird oberhalb des Fensters angebracht. Der Vorhang muss leicht in der Schiene gleiten, damit er während der Vorstellung schnell zu öffnen und zu schließen ist. Außerdem verschwindet er geöffnet an den Seiten und gibt die Sicht auf die gesamte Bühne frei.

In die Oberkanten der Seitenflügel werden zwei Vertiefungen gesägt, in die die Kulissen einhängbar sind. Die Kulissen selbst werden auf einen Holzstab getackert. Die überstehenden Teile des Stabes entsprechen im Format den Vertiefungen der Theaterseitenflügel. Die hier beschriebene dreiteilige Puppenbühne ist für einen Puppenspieler gedacht. Für zwei oder mehrere Spieler muss das Format verbreitert werden.

MATERIAL

- Holz- bzw. Sperrholzplatten mit folgenden Maßen: 80 x 140 cm für das Mittelteil und jeweils 40 x 140 cm für die Seitenteile
- Holzleiste (etwa 50 cm lang, 5 cm breit, 2 cm dick)
- Spax-Schrauben (etwa 50 mm lang, für Holzleiste)
- Stabile Scharniere, passende Schrauben und Muttern
- Mattlackfarbe
- Vorhangstab bzw. -schiene und entsprechende Vorhangringe
- Vorhangstoff
- Nähgarn

Vorderansicht

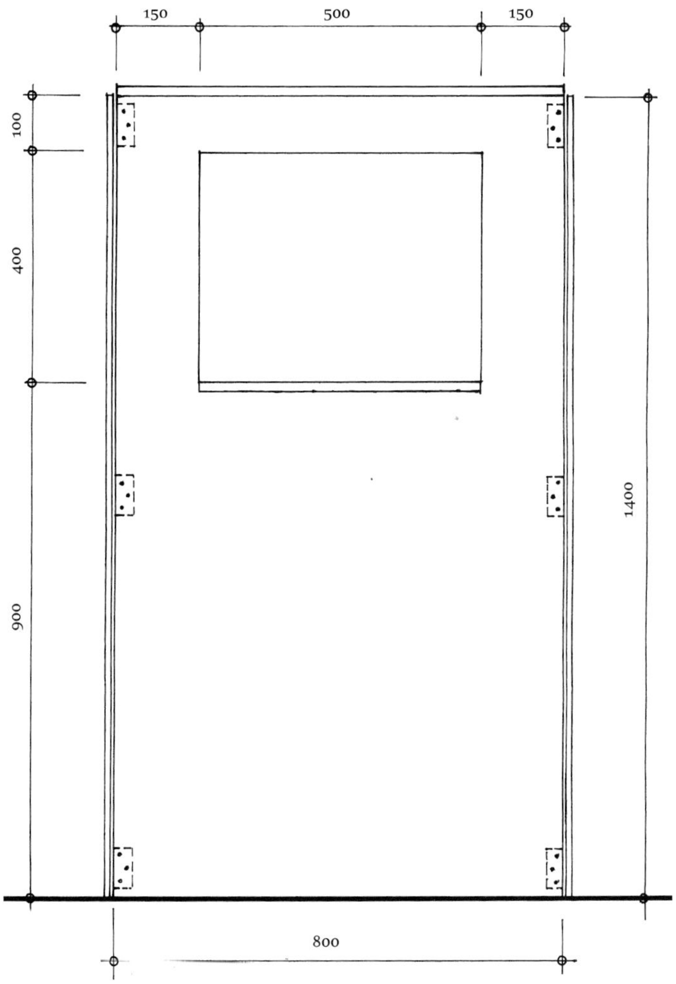

Schnitt

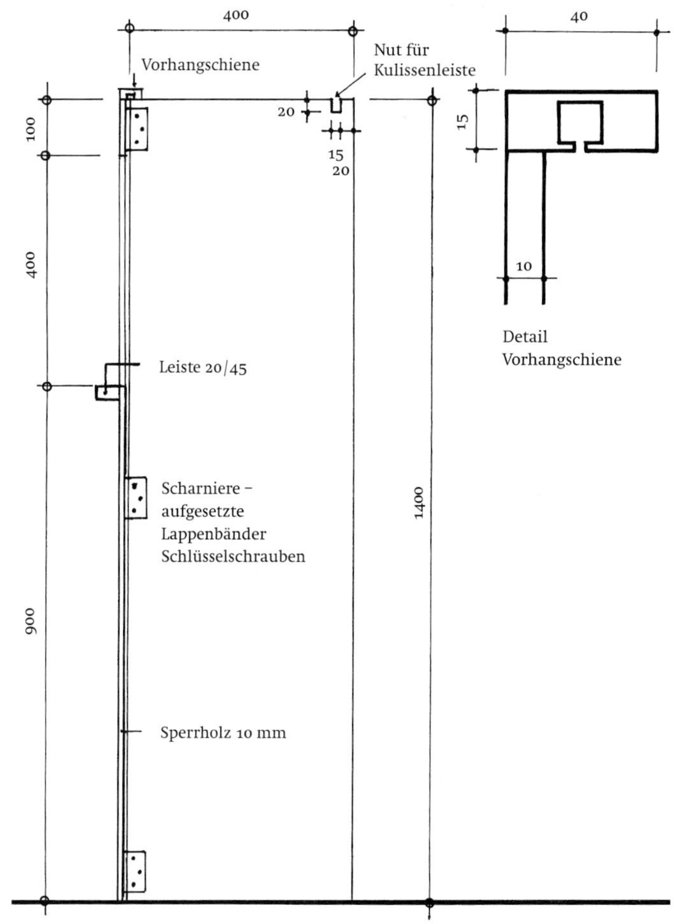

Alle Maßangaben in mm

Grundriss

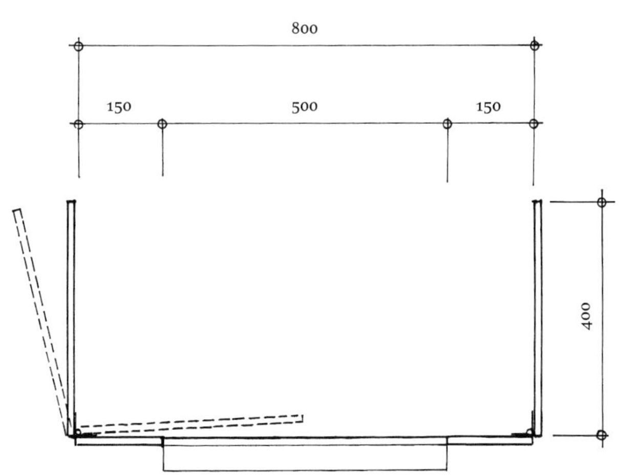

WERKZEUG

- Stichsäge
- Bohrmaschine
- Schraubenzieher bzw. Bohrschrauber
- Ringschlüssel oder Zange zum Festhalten der Muttern
- Pinsel
- Nähmaschine

Die Puppenbühne mit Kulisse

HERSTELLUNG

Die Handpuppen

Der Körper der Handpuppe besteht aus dem Vorder- und dem Rückenteil. In die Arme schlüpfen beim Spiel der Daumen und der Mittelfinger, während der Zeigefinger den Kopf hält. Entsprechend dieser Handstellung kann die Größe des Körpers auf die Spielerhand zugeschnitten werden. Kleine Kinderhände kommen mit Handpuppen für Erwachsene kaum zurecht, da ihre Finger nicht in die Arme der Puppe reichen. Für sie sollte auch der Kopf der Handpuppe in der Relation zum Körper verkleinert werden.

Der Kopf

Verwendet wird ein nichtfransender, wenig dehnbarer und nicht zu dünner Stoff, der in drei Teile zugeschnitten wird. Die beiden Seitenteile zeigen das Profil des Kopfes und können nach eigenen Entwürfen aufgezeichnet werden. Das Mittelteil bestimmt die Breite des Kopfes. Bei der «menschlichen» Hand-

Gesichtsmittelstreifen

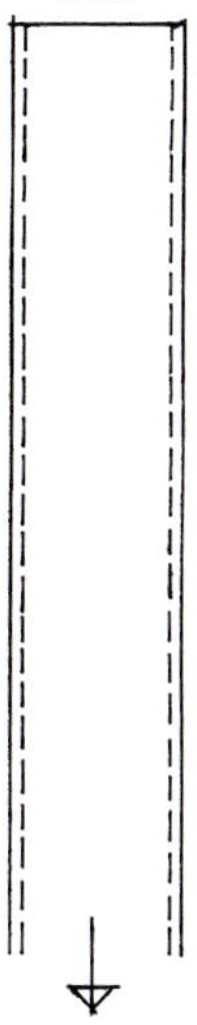

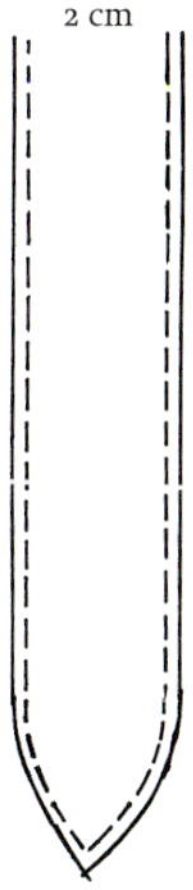

Menschlicher
Handpuppenkopf
(zweimal)

puppe verläuft dieses Stoffteil vom Nacken bis zur Nasenwurzel, wo es in einer Spitze endet. Bei einer «tierischen» Handpuppe verbreitert es vom Nacken bis zum vorderen Halsansatz durchgehend den Kopf und formt so eine «Schnauze».

Die drei zugeschnittenen Kopfteile werden rechts auf rechts mit kleinem Stich knappkantig zusammengesteppt. Frei bleibt die Halsöffnung und (zumindest bei einem kleineren Format) auch ein Stück der Hinterkopfnaht, damit der Kopf anschließend gut gestopft werden kann.

Sind die Teile zusammengenäht, werden sie gewendet, also die rechte Seite nach außen gekehrt. Die Puppenstopfwatte wird mit einem spitzen Gegenstand sorgfältig auch in schwer erreichbare Partien wie Ohren, Nase oder Kinn fest eingestopft. Beim Stopfen können im Gesicht auch rundliche Wangen oder der Stirnbereich modelliert werden.

Bevor der Hinterkopf mit Stopfwatte gefüllt wird, klebt man ein Papp- oder Kunststoffröhrchen in den Hals, das in Innendurchmesser und Länge dem Zeigefinger des Spielers entsprechen soll. Das Röhrchen wird soweit in den Kopf geschoben, dass es mit dem Halsansatz bündig abschließt. Durch die Hinterkopfnaht wird der Puppenkopf nun fertig ausgestopft und von Hand abschließend zusammengenäht.

Das Gesicht kann mit Stoffmalfarbe aufgemalt oder gestickt werden. Glasaugen bekommt man im Bastelladen. Bei «menschlichen» Figuren oder auch hier beim Löwen werden die Haare bzw. die Mähne aus Plüsch, Fell oder Wolle aufgenäht.

MATERIAL

- Stoff
- Näh- und Stickgarn
- Puppenstopfwatte
- Fingerdickes und -langes Papp- oder Kunststoffröhrchen
- Plüsch, Fell oder Wolle
- Stoffmalfarbe
- Glasaugen

WERKZEUG

- Nähmaschine
- Stoffschere
- Nadeln

Der Körper

Vorder- und Rückenteil werden auf die Handgröße angepasst. Das Körperteil soll im fertigen Zustand eine handbreit über das Handgelenk des Spielers (fast bis zur Mitte des Unterarmes) reichen. Ist es zu kurz geraten, zeigt sich beim Spiel ein störender Armansatz. Hände bzw. Pfoten aus einem anderen

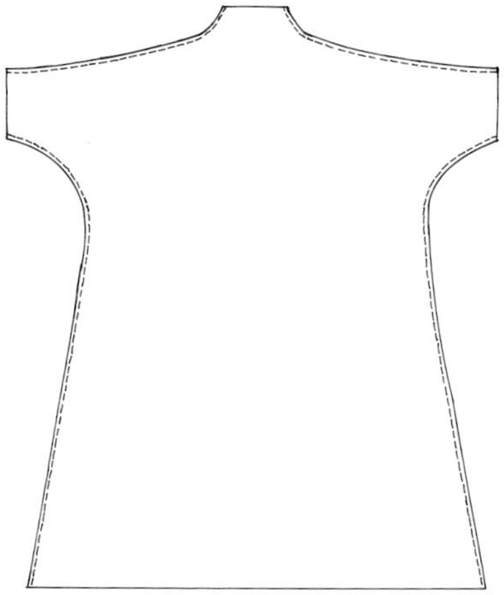

Handpuppenkörper
(zweimal)

Stoff werden mit den entsprechenden Teilen verbunden. Anschließend näht man Vorder- und Rückenteil bis auf den Eingriff und die Halsöffnung zusammen. Der Körper wird mit Puppenklebstoff oder mit Nadel und Faden an der Halsröhre des Puppenkopfes befestigt. Je nach Figur kann eine Halskrause, ein Schal oder ein Kragen zur Verzierung angebracht werden.

SPIELHINWEISE

Die dreiteilige Puppenbühne wird so aufgestellt, dass die Zuschauer ausschließlich den Bühnenausschnitt sehen und keinen Einblick in den Innenraum des Theaters bekommen. Ein Lichtspot auf das Bühnenfenster und ein abgedunkelter Raum sorgen, wie bei fast allen Puppenbühnen, für Atmosphäre. Die zum Stück passende Kulisse wird eingehängt und der Vorhang öffnet sich erst, wenn das Stück beginnt. Die spielende Person sitzt verborgen im Innenraum der Bühne auf einem kleinen Hocker.

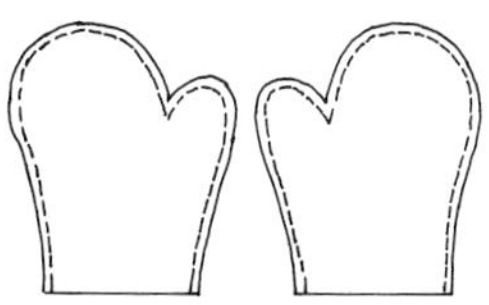

Hände
(links und rechts je zweimal)

Ein Glöckchen läutet die Aufmerksamkeit der Zuschauer ein. Die Handpuppen «betreten» die Bühne von den Seiten. Aus der «Tiefe» tauchen nur die Figuren auf, deren Rolle ein Auftauchen von unten zulässt. Das gleiche gilt für Handpuppen, die «eingeflogen» werden. Beim Spielen nehmen die Puppen Blickkontakt mit den Zuschauern auf. Da diese meist etwas tiefer sitzen, sollte der Kopf der Puppen leicht nach unten geneigt werden. Die Gestik ist neben der Sprache das Instrumentarium der Handpuppe, um sich auszudrücken. Sie kann beide Hände vor das Gesicht schlagen und gebeugt von heftigen Heulkrämpfen geschüttelt werden oder mit weit ausgebreiteten Armen vor Freude über die Bühne hüpfen und dabei in die Hände klatschen. Sind die Emotionen nicht am Überschäumen, bewegt sich die Handpuppe in ruhigem Gang ohne Auf- und Abbewegungen über die Bühne.

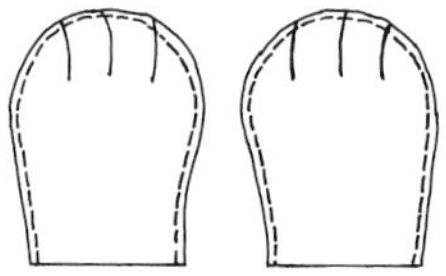

Pfoten
(links und rechts je zweimal)

Die Wirkung des Handpuppentheaters auf die Arme des Spielers darf bei der Planung des Stückes nicht vergessen werden. Der Spielende sitzt verborgen so weit unten, dass sein Kopf im Bühnenfenster nicht zu sehen ist. Die Arme werden beim Spielen also weit nach oben gestreckt. Bei längeren Spielphasen kann das ziemlich unbequem werden und die Handpuppen rutschen nach und nach in die Tiefe, bis sie nur noch halb zu sehen sind. Um dem vorzubeugen, müssen kurze Spielpassagen, Figuren- und entsprechender Handwechsel eingeplant werden.

6 Sockenmonster trifft Handschuh-Ungeheuer

Diese beiden sind hinter der dreiteiligen Puppenbühne gleichberechtigte Mitspieler der Handpuppen und kommen wie die Fingerpuppen als Stegreiftheaterakteure mal schnell aus einer Jackentasche im Wartezimmer, im Zug oder sonstwo. Sie stammen zwar aus dem Altkleidersack, doch eignen sich guterhaltene Einzelgänger, deren Partner verlorenging, besser als altershalber abgelegte Socken und Handschuhe, die dünne Stellen und Löcher aufweisen. Monster und Ungeheuer haben übrigens ihr altes Image abgelegt. Sie müssen nicht mehr unbedingt böse, gefährlich und erschreckend sein. Ein den Puppenfans sicher bekanntes und sehr prominentes Monster frisst am liebsten Kekse, wobei ihm bevorzugt die Krümel aus dem Maul fallen. Manche Monster und Ungeheuer sind sehr freundlich und können nicht verstehen, dass sich noch jemand vor ihnen fürchtet. Zu ihnen gehören das Sockenmonster und das Handschuh-Ungeheuer.

HERSTELLUNG

Das Sockenmonster

Eine Hand wird in einen alten Strumpf gesteckt, so dass der Daumen in die Ferse und die restlichen Finger in die Spitze greifen. Klappt man jetzt die Hand auf und zu, kann der Socken sprechen. Die Sohle des Strumpfes wird zum großen Maul des Sockenmonsters. Eine auf Sohlengröße oval geschnittene Pappscheibe wird halb gefaltet und als Mundinnenraum eingeklebt. Stattdessen kann auch ein Schulterpolster aufgenäht werden. Auf das Pappmaul malt man Zähne und Zunge auf.

Entscheidet man sich für das Stoffmaul, werden für die Zähne jeweils zwei weiße Filzdreiecke ausgeschnitten, an zwei Seiten zusammengenäht, plastisch mit Watte ausgestopft und als Monsterzähne in den «Kiefer» genäht. Auch im Nasenbereich kann das Monster mit Stopfwatte etwas verstärkt werden. Nasenlöcher sind beim gezeigten Monster mit Stoffmalfarbe aufgemalt. Die Augen sind Knöpfe, Holzperlen, Filzreste, Wackelaugen, Kunststoffscheiben oder was man sonst noch als augenähnliches Material findet. Je nach Beschaffenheit werden sie angenäht oder aufgeklebt.

Wenn die Spielerhand während der Herstellung zwischendurch immer wieder in das Sockenmonster schlüpft, kann die Platzierung von Maul, Nasenlöchern, Augen, Frisur, Ohren, Hörnern usw. gezielt bestimmt werden. Plüsch oder Wollreste werden als Haar angenäht oder aufgeklebt. Die Tüllschleife weist darauf hin, dass es sich beim gezeigten Sockenmonster um ein «Weibchen» handelt.

MATERIAL

- Socken
- Handschuh
- Woll- oder Plüschreste
- Pappe/Schulterpolster
- Stopfwatte
- Augen (Knöpfe, Holzperlen, Wackelaugen, ...)
- Filzreste
- Stoffmalfarbe
- Nähgarn, Zwirn
- Klebstoff

WERKZEUG

- Schere
- Nadeln

Das Handschuh-Ungeheuer

Der verwendete Handschuh muss der Spielerhand für dieses Handschuh-Ungeheuer zu groß sein, damit Füße und Kopf abgebunden werden können. Dafür stopft man in die Handschuhfingerkappen mit Hilfe eines Stabes Stopfwatte und näht oder bindet fünf Füße ab. Für den Kopf wird unter dem Handrücken des Handschuhs eine Kugel aus Stopfwatte eingeschoben. Um den Kopf wird mit Zwirn ein kreisrunder Spannfaden geheftet, zusammengezogen und verstochen. Ein Streifen Plüsch bildet die Mähne, die um den Kopf des Handschuh-Ungeheuers geklebt oder genäht wird. Mit Stoffmalfarbe, die direkt aus der spitzen Tülle der Tube gespritzt werden kann, sind Augen, Maul, Zähne und Krallen aufzumalen.

SPIELHINWEISE

In das Maul des Sockenmonsters wird so gegriffen, dass sich der Daumen im «Unterkiefer» und die restlichen Finger im «Oberkiefer» befinden. Auf- und Zuklappen der Finger bringen das Monster zum Sprechen. Bewegungen im Handgelenk lassen seinen Kopf nach allen Seiten schauen oder nicken. Dreht man die Hand im Kopf etwas hin und her oder verlagert man die Stellung der Finger im Oberkiefer, beginnt das Sockenmonster Grimassen zu schneiden.

Das Handschuh-Ungeheuer krabbelt im Spinnen- oder Krebsgang durch die Welt. Seine Spezialität ist es, irgendetwas oder irgendjemand anzuspringen und mit allen Beinen zu umklammern. So bösartig, dass es jemandem dabei weh tut, ist es aber nicht! Allerdings lässt es auch nicht schnell wieder los.

Sockenmonster und Handschuh-Ungeheuer sind Freunde und treffen sich gerne zum Dialog zweier Puppen(-spieler) aus dem Stegreiftheater.

7 Fingerpuppen aus dem Stegreiftheater

Das Stegreiftheater ist überall. Im Wartezimmer des Zahnarztes, im Zugabteil, im Kinderzimmer, kurz vor dem Einschlafen, ... – eben überall dort, wo Kindern aus dem Stehgreif ein kleines Theater Freude machen kann. Da die Fingerpuppen so klein sind, können sie problemlos zum Beispiel in der Jackentasche überall mit hingenommen werden. Die gezeigten Exemplare verdeutlichen, wie viele Materialien und Möglichkeiten zur Gestaltung von Fingerpuppen vorhanden sind. Da sie so klein sind, ist für die Herstellung stets nur wenig Material nötig. Deshalb lassen sie sich auch ganz spontan anfertigen. Ein kleiner Wollrest, ein paar Stoffstückchen aus der Flickenkiste, ein Schlauchrest aus dem Garten – den Ideen, aus Fundstücken eine so kleine Figur zu machen, sind keine Grenzen gesetzt.

HERSTELLUNG

Der schnelle Gartenmax

Ein Stück Schlauch, dessen Innendurchmesser dem Finger des Spielers entspricht, bekommt einen ganz kleinen Tonblumentopf als Hut. Wackelaugen aufgeklebt und ein bärtiges Gesicht gemalt – schneller geht's wirklich nicht! Farben müssen dickflüssig sein und dürfen auf dem Kunststoffschlauch nicht verlaufen. Stoffmalfarben aus der Tube sind hier zwar zweckentfremdet, halten aber prima und können direkt durch die Spritztülle aufgetragen werden.

MATERIAL

- Schlauchstück, zum Beispiel vom Garten- oder Waschmaschinen-anschlussschlauch
- Kleiner Tonblumentopf
- Wackelaugen
- Stoffmalfarben (oder andere auf Gummi/Kunststoff haftende Farben)
- Klebstoff (Alleskleber)

Der Frosch

Aus grüner Restwolle wird mit einem Stricknadelspiel, der Wollstärke entsprechend, ein fingerdicker Schlauch gestrickt. Die Höhe errechnet sich durch Fingerlänge plus ungefähr 3 cm für den Kopf. Oben werden alle Maschen auf einen Faden genommen, zusammengezogen und verstochen. Puppenstopfwatte, zu einer kleinen Kugel gedreht, stopft den Kopf. Unterhalb dieser Wattekugel wird der Hals mit einem Wollfaden abgebunden. Für die Froschaugen werden aus dem gleichen Strickgarn zwei kreisrunde Schnecken gehäkelt und auf den Kopf genäht. Zwei kleine Styroporkugeln bekommen Pupillen mit einem wasserfesten Filzstift aufgemalt und werden in die Häkelschnecken geklebt. Der Mund wird mit rotem Garn gestickt. Zwei Froschfüße aus Filz können an den unteren Rand genäht werden.

MATERIAL

- Grüner Wollrest
- Rotes Garn
- Stopfwatte
- Zwei kleine Styroporkugeln
- Schwarzer, wasserfester Filzstift
- Klebstoff (Alleskleber, styroporgeeignet)
- Grüner Filz

WERKZEUG

- Stricknadelspiel (passend zur Wollstärke)
- Häkelnadel (passend zur Wollstärke)
- Schere
- Stricknadel

Der Räuber Vogelschreck

Ein rechteckiges Stück Rupfenstoff wird mittig zusammengefaltet. Bast oder Strohbüschel bilden, links und rechts der Oberkante eingeklebt, die Hände. Diese werden mit Zwirn in Andeutung eines Ärmels abgebunden. Seitlich wird der Rupfenstoff geklebt oder mit groben Stichen zusammengenäht. Eine Holzkugel oder eine mit Bast überzogene Styroporkugel wird mit einem gekürzten Zahnstocher als Hals versehen, mit diesem durch den Rupfenstoff gestochen und mit Klebstoff befestigt.

Das Gesicht ist mit Wasser- oder Holzfarben mit wenigen Punkten anzudeuten. Der Schlapphut entsteht, indem ein Rupfenstoffdreieck zum Spitzhut zusammengeklebt und die Hutkrempe nach oben geschlagen wird. Eine Getreideähre ersetzt die Feder. Der Hut wird auf den Kugelkopf geklebt. Ein Stück Schnur oder Wolle dient, um den Bauch gebunden, als Gürtel.

MATERIAL

- Rupfenstoff
- Zwirn
- Wollrest
- Holz oder mit Bast überzogene Styroporkugel
- Zahnstocher
- Stroh oder Bast
- Ahle
- Klebstoff (Alleskleber)
- Wasserfarben

WERKZEUG

- Schere
- Pinsel

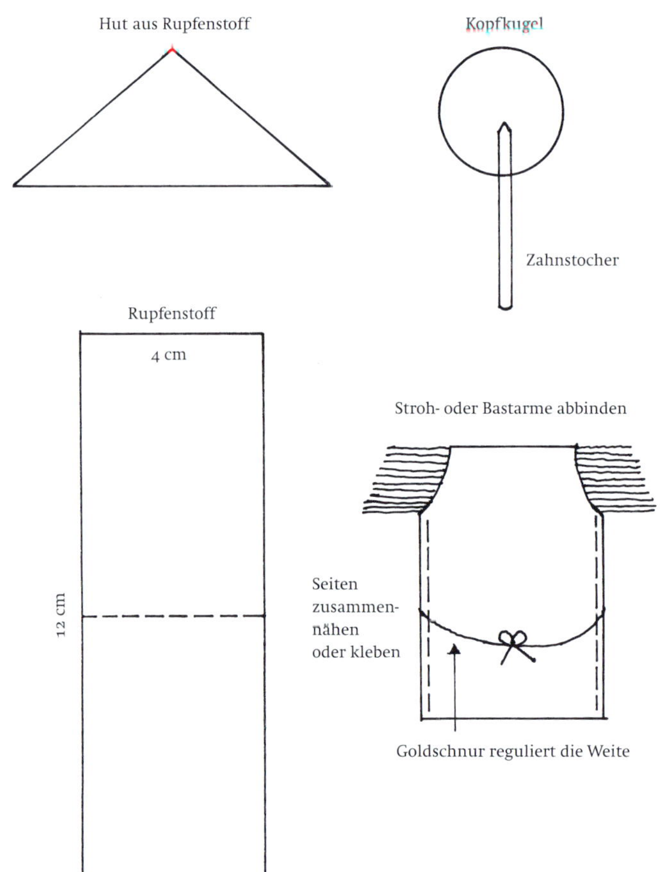

Der Schneemann

MATERIAL

- Moosgummi (in den Farben weiß, braun, schwarz und rot)
- Kleiner Holzstab
- Geeigneter, stärkerer Klebstoff (zum Beispiel Kontaktkleber)

WERKZEUG

- Normale Schere
- Nagelschere

Aus Moosgummi wird der weiße Körper des Schneemanns entsprechend der Zeichnung zweimal ausgeschnitten und an den Kanten mit geeignetem Klebstoff zusammengeklebt. Die Unterseite bleibt natürlich offen. Augen, Nase, Mund, Knöpfe und Hut werden mit der Nagelschere ebenfalls aus Moosgummi ausgeschnitten und aufgeklebt. Der Besen besteht aus einem kleinen Holzstab als Stiel und einem Streifen braunen Moosgummi, der entsprechend der Zeichnung in Fransen geschnitten und um den Holzstab geklebt wird. Der Besen wird dem Schneemann in den Arm geklebt.

Körper (zweimal)

Hut (zweimal)

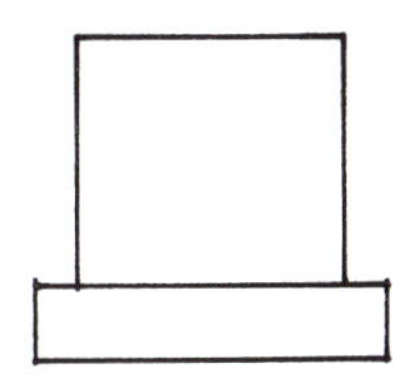

Besenfransen einschneiden. Klebkante um Stabende wickeln

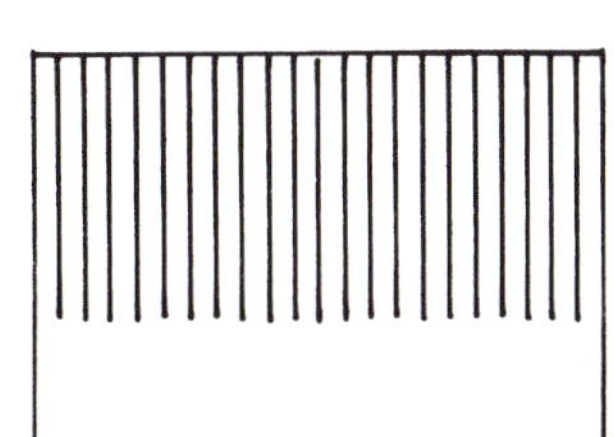

MATERIAL

- Weiche Modelliermasse
- Wasserfarben
- Mattlack

WERKZEUG

- Modellierstäbchen
- Pinsel

Kuh und Pferd

Diese beiden Fingerpuppen sind jeweils aus Modelliermasse geformt. Für den Körper wird die Masse zu einer Platte flachgedrückt und locker um den Finger gewickelt. Mit wenig Wasser muss eine glatte, zusammenhängende Oberfläche «massiert» werden. Auch innen glättet man die Wände mit wenig Wasser. Ein Pferde- oder Kuhkopf, aus der Masse geformt, ist auf den Körper aufzusetzen. Die Übergänge muss man ebenfalls mit feuchten Fingern durch Verstreichen verbinden. Nach dem Trocknen werden Kuh und Pferd mit Wasserfarben bemalt und später mit Mattlack überzogen.

MATERIAL

- Styroporkugel (Durchmesser 35 mm)
- Kunststoffisolierrohr (fingerlang und -dick)
- Heißklebepistole
- Stoffreste
- Nähgarn
- Stoffmalfarbe
- Schellen

WERKZEUG

- Schere
- Nadeln bzw. Nähmaschine

Narro und Narrina

Auf ein fingerdickes und fingerlanges Kunststoffisolierrohr wird eine 35 mm starke Styroporkugel geklebt. In das weiche Kugelmaterial kann das Rohr durch Drehbewegungen vorher etwas eingelassen werden. Heißkleber fixiert das Rohr dann besonders sicher. Hüte und Kleidung können nach eigenen Ideen genäht und an Kopf und Kunststoffrohr mit Klebstoff befestigt werden. Stoffmalfarbe haftet, für das Gesicht und die Frisur eingesetzt, besonders gut. Narrina hat noch Schellen an ihrer Narrenkappe angenäht bekommen. Sie sind nicht nur Verzierung, sondern haben auch beim Spielen ihren Effekt.

Kunststoffisolierrohr

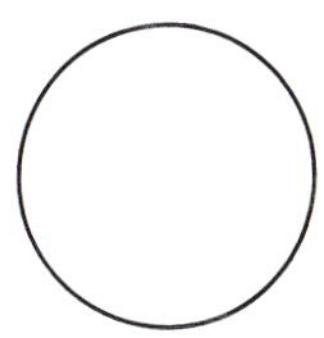

Styroporkugel

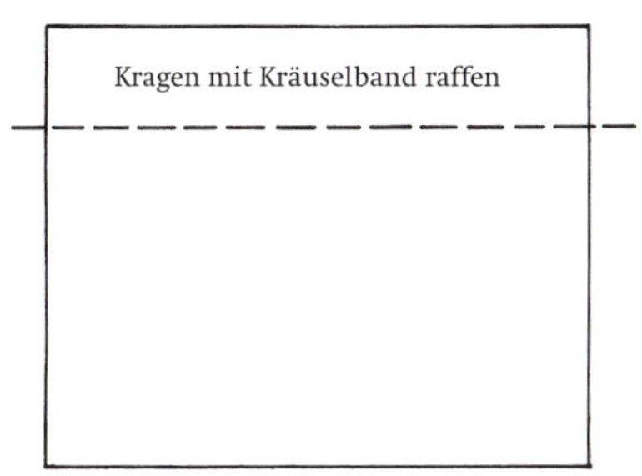

Mantel

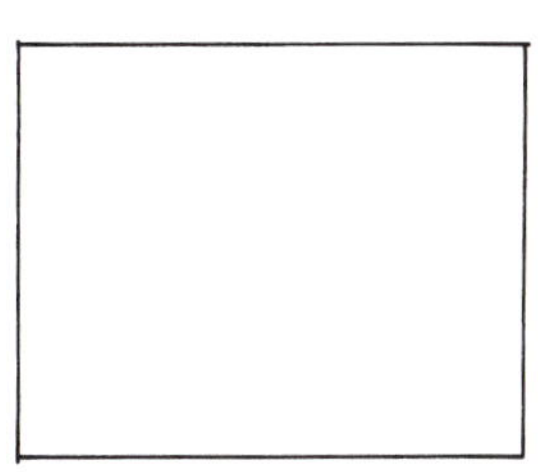

Rohrverkleidungsstoff

Narrenkappe (zweimal)

SPIELHINWEISE

Aus dem Stegreif werden die Fingerpuppen in Situationen aktiv, die vorher nicht geplant, vorbereitet oder einstudiert sein müssen. In der Regel spielt auf einer Hand nur jeweils eine Fingerpuppe ihre Rolle. Steckt sie auf dem Zeigefinger, werden die übrigen Finger zur Faust geballt und lassen der einzelnen Figur den Auftritt. Somit spielt sich bei der Vorstellung meist ein Dialog ab.

Mehrere Figuren auf einer Hand können sich zwar gleichzeitig bewegen, allerdings eingeschränkter, als wenn nur eine Fingerpuppe verwendet wird. Sie können aber nie gleichzeitig sprechen oder singen. Optisch bieten sie sich für den gemischten Chor an, der Spieler hat jedoch nur eine Stimme zur gleichen Zeit – Stimmen und Musik könnten allerdings vom Band kommen. Bei Dialogen oder Gesprächen zwischen mehreren Fingerpuppen variiert der Spieler Stimmlage und Sprechrhythmus. Außerdem wird die Rolle der jeweiligen Fingerpuppe auch sprachlich nachgeahmt.

Die Sprache spielt bei allen Theaterpuppen eine sehr große Rolle. Bei den Fingerpuppen ist sie besonders wichtig, da hier nicht durch großartige Bewegungen, Mimik und Gestik die Geschehnisse und Gefühle ausgedrückt werden können. Durch ihre einfache Handhabung sind Fingerpuppen schon für kleine Kinder geeignet. Sie regen die Fantasie an und dienen der Sprachförderung.

8 Tütenkasper und seine Freunde

Der Tütenkasper erfreut die ganz kleinen Zuschauer und Puppenspieler. «Jetzt bin ich da – gleich bin ich weg!» ist seine Devise. Er wird von vielen Leuten eher als Kinderspielzeug angesehen. Doch sein Talent zur Theaterpuppe darf man ihm nicht absprechen. Er braucht keine Bühne, denn in gewisser Weise hat er die stets bei sich. Für eine Spielpause muss er nur schnell in seine Tüte schlüpfen. Eigentlich ist er ein Einzelgänger und tritt nur selten mit seinen Freunden auf. Wenn zum Spielen jedoch mehrere Hände zur Verfügung stehen, ist die Fähigkeit dieser Puppenart, sich schnell in der Tüte zu verstecken, sehr lustig und ein wahres Versteck- und Suchspiel kann inszeniert werden.

HERSTELLUNG

Der Unterleib

Der Durchmesser und die Länge des Unterleibs entscheiden über die Größe von Kopf und Körper dieser Theaterpuppe. Deshalb ist es notwendig, an dieser Stelle zu beginnen.

Die Grundform bildet die Tüte, ein Kegelstumpf aus fester Pappe. Sehr gut geeignet sind entsprechend große, leere Garnspulen. Bei den abgebildeten Figuren haben diese eine Höhe von 17 cm, einen Innendurchmesser von 3 cm an der Unterseite und 7 cm an der Oberseite. Das entspricht einem Tütenkasper von etwa 40 cm Gesamthöhe. Diese Angaben dienen nur zur Orientierung und sind in den Zeichnungen nicht angegeben. Schließlich kann eine solche Theaterpuppe in vielen Größen hergestellt werden.

Für den Kegelstumpf kann auch eine Pappe entsprechend der Abbildung zugeschnitten und mit Überlappung zusammengeklebt werden. Dazu wird ein starker Klebstoff verwendet, da der Kegelstumpf unter Spannung steht. Während der Klebstoff trocknet, muss die Form mit Wäscheklammern oder durch Umwickeln mit Schnur zusammengehalten werden.

Der dekorative Filzüberzug wird nach der Vorlage zugeschnitten. Beim Aufkleben des Stoffes auf die Pappform überlappt der Filz die untere kleinere Öffnung und wird dort nach innen geklebt. An der weiten Oberseite wird er kantig abgeschnitten. Filz eignet sich für den Bezug am besten, da er nicht ausfranst.

Der Kopf

Exemplarisch wird hier ein textiler Kopf in Abbindetechnik dargestellt. Die angegebenen Maße gelten wie beim Unterleib ausschließlich für einen Tütenkasper dieser Größe. Der Kopfumfang muss immer so bemessen sein, dass der fertige Kopf mit Mütze und Frisur ganz im Kegelstumpf versteckt werden kann.

Aus Puppenstopfwatte oder ungesponnener Schafwolle wird eine feste Kugel geformt, die mit dem quadratisch zugeschnittenem Trikotstoff überzogen wird und am Hals mit reißfestem Faden abzubinden ist.

Der Körper des Tütenkaspers

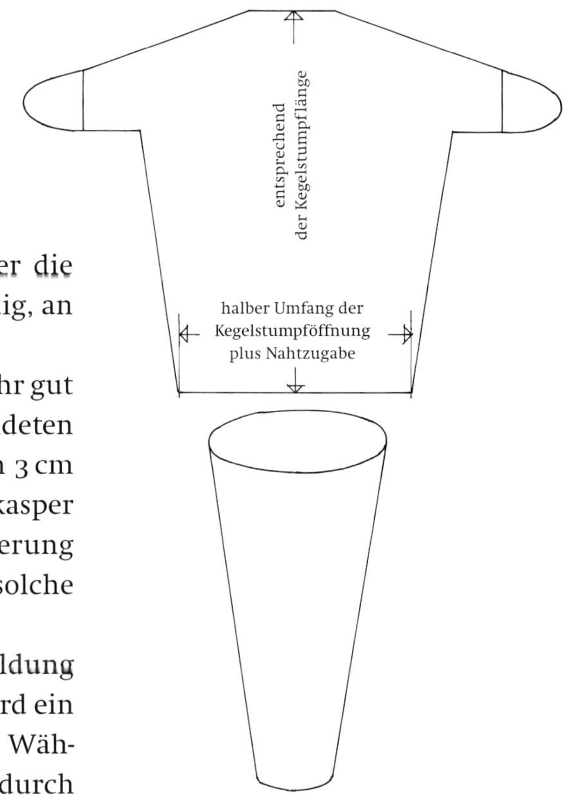

MATERIAL

- Große Garnspule in Kegelstumpfform oder starke Pappe
- Klebstoff
- Hautfarbener Trikotstoff
- Puppenstopfwatte oder ungesponnene Schafwolle
- Starker Faden (zum Beispiel Zwirn), weiß oder hautfarben
- Filz
- Feine, fließende Stoffreste
- Wasservermalbare Holzfarben
- Holzstab
- Wolle oder Plüschreste

WERKZEUG

- Schere
- Nadeln
- Lineal

Der textile Kopf des Tütenkaspers

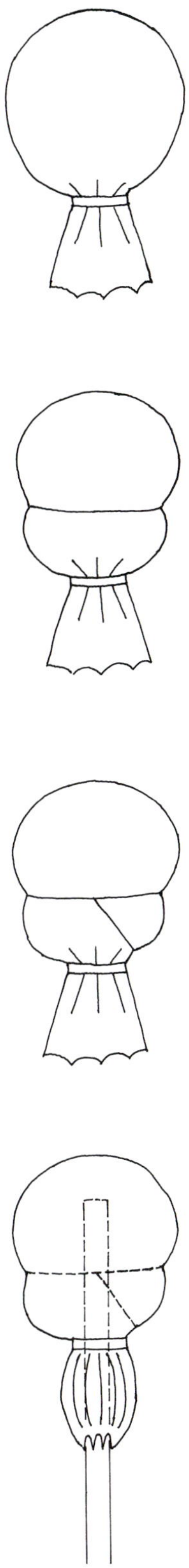

Durch weiße oder hautfarbene Spannfäden erhält der Kopf seine Form und Gesichtszüge. Auf Ohrhöhe befestigt, muss der doppelte Faden um den Kopf gespannt, fest angezogen und am Ausgangspunkt angenäht werden. Anschließend wird der Faden noch einmal von einem Ohr zum anderen über die Augenpartie gespannt und befestigt. Die Fadenspannung ist gelungen, wenn die Stärke der Abbindung der Zeichnung entspricht und der Faden nicht mehr verrutschen kann. Eine weitere Spannung des Fadens erfolgt knapp über dem Hals von Ohr zu Ohr und bildet den Hinterkopf.

In den so entstandenen Kopfunterbau wird der Spielstab durch den Hals im Kopf eingeklebt. Der Stoff unterhalb des Halsfadens wird durch Umwickeln und Abbinden am Stab fixiert. Der entsprechend der Zeichnung zugeschnittene Kopfüberzug wird leicht über das Gesicht gespannt und am Hinterkopf überlappend zusammengenäht. Der Stoff muss sich gut in die Vertiefung der Augenhöhe einschmiegen und darf im vorderen Kinn-Hals-Bereich keine Falten ziehen. Alle Befestigungsnähte befinden sich am Hinterkopf und werden später von einer Mütze oder der Frisur verdeckt.

Vom Ohr aus wird ein Spannfaden durch den Kopf zu einem Auge gestochen. Von dort aus sticht man zum zweiten Auge und schließlich zum anderen Ohr. Gut gespannt und befestigt verstärkt der Faden die Vertiefung beider Augenhöhlen.

Mit wasserlöslichen Holzfarben wird das Gesicht bemalt. Trocken angewendet können sanfte Schattierungen von Stirn und Wangen erreicht werden, mit Wasser angefeuchtet leuchten Augen und Mund.

Die Frisur aus Wolle oder Plüschresten sowie eine Kopfbedeckung werden mit feinem Garn aufgenäht. Zieht man dickere Wollfäden direkt durch den Trikotstoff, besteht die Gefahr, dass die Maschen zu laufen beginnen.

Kopfüberzug für den Tütenkasper

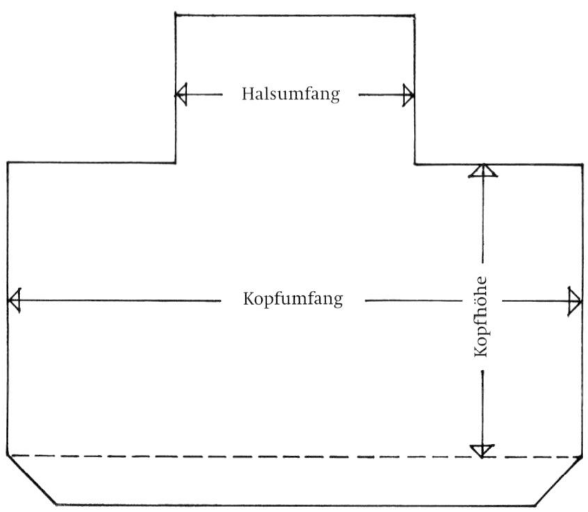

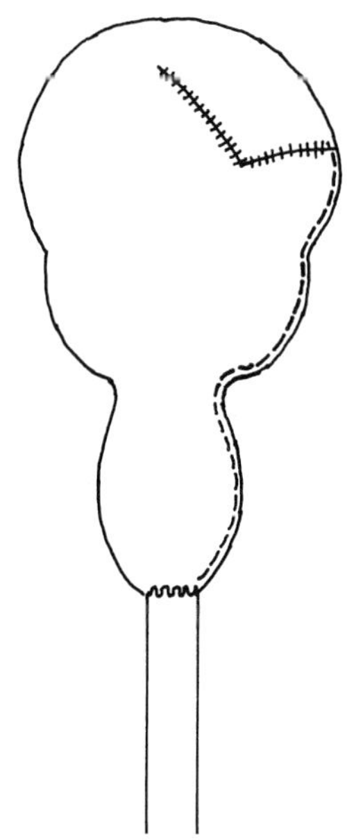

Der Oberkörper

Auch hier orientiert sich die Schnittgröße nach dem Unterkörper. Der untere Rand bildet die Taillenhöhe und entspricht im Umfang dem der oberen Kegelstumpföffnung. Die Hände sind aus Trikotstoff, der der Gesichtsfarbe entspricht, genäht und leicht wattiert. Der Anzug wird nach dem Schnittmuster aus leichtem, fließenden Stoff genäht, damit der Tütenkasper sich, ohne hängen zu bleiben, in seiner Tüte verstecken kann.

Der fertige Anzug wird am Hals und an der Oberkante des Unterleibs mit kleinen Stichen befestigt. Eine Halskrause, eine Schleife oder ein Kragen verzieren die fertige Figur und kaschieren die Halsnähte.

SPIELHINWEISE

Der Tütenkasper will keine langen Texte auswendig lernen und sucht seinen Erfolg nicht auf Puppentheaterbühnen. Er ist ein Vertreter des Stegreiftheaters. Seine Handhabung ist kinderleicht. Die linke Spielerhand hält die Tüte, die rechte führt den Spielstab. Die Auf- und Abbewegung des Stabes lässt den Tütenkasper in der Tüte verschwinden und blitzschnell wieder zum Vorschein kommen. Drehbewegungen bringen ihn dazu, dass er wild mit den Armen schlenkert. An dem Versteckspiel haben, wie schon zu Anfang erwähnt, vor allem kleine Kinder ihre Freude.

9 Koch «Löffel» und Flaschengeist «William» im Küchentheater

Das Küchentheater zeigt, wie Alltagsgegenstände mit wenig Aufwand zu Theaterfiguren umfunktioniert werden können. Die hier vorgestellten Schauspieler sind dem Besteckkasten und dem Altglas entnommen. Mitspielen können auch Kollegen aus dem Obst- oder Gemüsefach: Schaschlikspieße als Führungsstäbe tragen in diesem Fall das Karottenkrokodil, Clown Banano oder die kleine Radieschenmaus. Wichtig ist jedoch, dass diese Akteure nach der Vorstellung bald aufgegessen werden und deshalb nicht mit Farben verziert werden, die die Lebensmittel ungenießbar machen. Der Abfall wäre ein trauriges Ende für diese Figuren.

HERSTELLUNG

Koch «Löffel»

Ein unlackierter Holzkochlöffel bekommt mit Wasser- oder Holzfarben ein Gesicht gemalt: braune Kartoffelaugen, eine Möhrennase, ein lachendes Stück Tomate als Mund und Petersilienhaare. Für die Krawatte schneidet man einen Streifen weißen Filz ab und bindet diesen einmal um den Kochlöffelhals. Ein Tropfen Klebstoff lässt die Krawatte nicht verrutschen.

Auch für Koch Löffels Mütze wird weißer Filz verwendet. Das rechteckige Teil wird zur Röhre zusammengenäht. Durch den oberen Mützenrand wird ein Kräuselfaden geheftet, zusammengezogen und verknotet. Die Mütze wird gewendet, damit sie sich nach innen wölbt. Nachdem sie auf Koch Löffels Kopf ist, wird ein Filzstreifen als Mützenrand rund um die Mütze geklebt.

Flaschengeist «William»

William war früher einmal eine Williams-Schnapsflasche. Natürlich können seine Geisterkollegen auch aus weniger geistreichen Flaschen wie Milch- oder Saftflaschen hergestellt werden. Besonders schöne Flaschenformen sind jedoch meistens bei den alkoholischen Getränken zu finden.

Ausgewaschen und gut ausgetrocknet bekommt William ein neues Innenleben durch etwas Wasser, das mit weißer Farbe versetzt wird. So bleibt der Geist in der Flasche lebendig und kann nach dem Schütteln immer neue Bewegungen in der Glasflasche machen. Der Korken sitzt dabei natürlich absolut fest im Flaschenhals. Mit einem breiten, wasserfesten Filzstift wird das Geistergesicht und eine geisterförmige Kontur um dieses auf die Flasche gemalt.

Bürstinchen

Eine Spülbürste aus unlackiertem Holz lässt ihre Bürsten als Frisur nach hinten stehen. Das Gesicht wird wie bei Koch Löffel mit Wasser- oder Holzfarben aufgemalt. Auch Filzstifte sind geeignet.

Eine ungekochte Farfalla-Nudel wird mit einem Stück Draht umwickelt und an Bürstinchens Hals befestigt.

Schabi

Der unlackierte Holzpfannenschaber trägt eine Brille aus der Weihnachtsbackkiste, eine Metallform, die sonst Lebkuchenherzen aussticht. Die Augen sind mit Wasserfarbe aufgemalt. Eine Muskatnuss wird an einer Seite so lange gerieben, bis eine glatte Klebefläche entstanden ist; die Nase sitzt perfekt. Für den Mund kann ein kleiner Gummidichtungsring von Getränkeflaschen mit Bügelverschluss verwendet werden. Brille, Nase und Mund halten am besten, wenn sie mit Heißkleber aufgeklebt werden.

Klopfi

Ein Fleischklopfer aus unlackiertem Holz bekommt zwei Wackelaugen aufgeklebt. Nase und Zickzackmund sind mit Wasser- oder Holzfarben aufgemalt.

Sir Zangel

Die ebenfalls unlackierte Holzzange hat mit ihrer eigentlichen Bestimmung, Grillfleisch umzuwenden, nichts mehr zu tun. Zwei Knöpfe einer abgelegten Bluse haben mit wasserfestem Filzstift Pupillen bekommen und werden als Augen aufgeklebt. Mund, Nasenlöcher und Zähne sind mit Wasserfarben aufgemalt. Der englische Teebeutel als Mütze macht ihn zum «Sir». Da es in der «Küche» auch mal feucht zugehen kann, empfiehlt es sich, alle wasserlöslichen Gesichter mit Mattlack zu besprühen.

Das Karottenkrokodil

Eine frische, feste Karotte wird mit dem Sparschäler abgeschält. Mit einem spitzen Küchenmesser werden Mund, Augen und Rückenzacken herausgeschnitten. Diese Ausschnitte werden gleich aufgegessen. Ein Schaschlikspieß steckt im Bauch.

Die Radieschenmaus

Ein großes, knackiges Radieschen wird vorsichtig vom Grünzeug befreit und gewaschen. Die Wurzel darf nicht entfernt werden, da sie den Mäuseschwanz darstellt. Mit einem spitzen Küchenmesser werden Kerben für die Ohren eingeschnitten. Die Ohren selbst sind zwei Scheiben eines weiteren Radieschens und werden in den Kerben festgesteckt. Augen, Nase und Mund schnitzt man in das rote Radieschengesicht. Sie heben sich danach weiß ab. Wenn vom Ansatz der grünen Blätter ein Rest geblieben ist, kann dieser auch gleich als Nase benutzt werden. Ein Schaschlikspieß im Bauch ist auch hier als Spielstab befestigt.

Clown Banano

Eine nicht zu reife, feste Banane wird wie die anderen Kollegen aus dem Obst- und Gemüsefach zunächst auf einen Schaschlikspieß gesteckt. Das Clowngesicht wird aus farbigem Klebeband oder Papieretiketten ausgeschnitten und auf die Bananenschale geklebt. Auch Banano wird nach der Vorstellung abgeschält und aufgegessen.

MATERIAL

- Küchenbesteck aus unlackiertem Holz (Kochlöffel, Fleischklopfer, Grillzange, Spülbürste, Pfannenschaber)
- Leere Flasche mit gut schließendem Korken oder Deckel
- Holzfarben und Wasserfarben
- Wasserfeste Filzstifte
- Klebstoff, eventuell Heißklebepatronen
- Farbiges Klebeband
- Mattlackspray
- Bindedraht
- Filz
- Knöpfe
- Wackelaugen
- Dichtungsring
- Ausstechform
- Schaschlikspieße
- Lebensmittel: Karotte, Radieschen, Banane, Farfalla-Nudel, Teebeutel, Muskatnuss

WERKZEUG

- Spitzes Messer
- Schere
- Pinsel
- Sparschäler
- Eventuell Heißklebepistole

SPIELHINWEISE

Alle Spieler sitzen um den Küchentisch und halten ihre Küchenfiguren unter dem Tisch versteckt. Nach und nach schlüpfen Koch Löffel und seine Freunde unter der Tischdecke hervor und strecken sich weit über den Tischrand.

Am liebsten führen sie Küchengespräche: «Was gibt es heute zu essen?» – «Welche Zutaten brauchen die Köche?» – «Wer deckt den Tisch?» – ... Flaschengeist William kann da immer geistreiche Sprüche und Geschichten beisteuern. Alle Küchentheaterspieler spielen selbst und sind gleichzeitig Zuschauer beim Küchentischtheater.

In der Waschküche spielt das Ensemble übrigens auch sehr gerne. An der Wäscheleine werden natürlich Küchenhandtücher festgeklammert. Dahinter verstecken sich die Puppenspieler. Jetzt freuen sich die Küchentheaterfiguren, dass ein paar Zuschauer auf den Waschkörben sitzen und applaudieren, wenn Koch Löffel, William, Bürstinchen, Schabi, Klopfi und Zangel über der Wäscheleine ihr Küchentheater aufführen.

10 Sprechende Theaterpuppen

Die sprechende Theaterpuppe entspricht größenmäßig einem Kleinkind, kann mit einer Hand agieren, wie die menschliche Hand in ihr dazu fähig ist, und bewegt beim Sprechen durch einen simplen Mechanismus den Mund. Den hält sie nach ihrer Fertigstellung nur noch selten! Große und kleine Zuschauer versuchen ihr manchmal wie ein Zahnarzt in den Mund zu schauen, um ihre Sprachfähigkeiten zu ergründen. Hat sie zu dieser genauen Untersuchung keine Lust, schließt sie schnell die Lippen oder hält die Hand vor den Mund. Zuweilen dreht sie den Spieß auch einfach um und schaut sich die Sprechfunktion der neugierigen Zuschauer selbst genauer an. Da in ihrer rechten Hand ja die Hand des Spielers agiert, hat sie ohnehin alle Möglichkeiten, sich zur Wehr zu setzen.

Durch ihre Größe, ihre Fähigkeiten und die einfache Handhabung beim Spieleinsatz ruft diese Theaterpuppe bei ihren Auftritten stets Begeisterung hervor.

Für die Herstellung muss ein Zeitraum von ungefähr vier Wochen eingeplant werden, da längere Trocknungsphasen notwendig sind.

HERSTELLUNG

Der Kopf

Das Material besteht aus einer Masse, die im feuchten Zustand einer keramischen Masse entspricht und die man auch im Sinne der Aufbaukeramik bearbeiten kann. Nach dem Trocknen ist sie jedoch wie Holz zu behandeln. Das heißt, man kann die erhärtete Masse bohren, schleifen, sägen und teilen, was für die sprechende Theaterpuppe auch notwendig ist. Im Handel ist das Material in folienverpackten Blöcken gebrauchsfertig erhältlich. Es gibt auch dementsprechende Pulver, die mit Wasser angerührt werden müssen. Der gebrauchsfertige Block ist jedoch eher zu empfehlen, da die Konsistenz des Materials hier schon in geeigneter Form vorliegt.

Der Materialblock wird in etwa 1,5 cm dicke Streifen geschnitten. Wichtig ist, die Verpackungsfolie nach jeder Entnahme eines Materialstreifens wieder gut zu schließen, damit keine vorzeitige Trocknung erfolgt.

Der Halsring besteht aus zwei Streifen, die durch Überlappung an den Seiten gut miteinander verbunden werden. Im Sinne der Aufbaukeramik werden die weiteren Schichten aufgesetzt. So entsteht ein kugel- bzw. eiförmiger Hohlkopf. Größe, Umfang oder Höhe sind je nach «Charakterkopf» verschieden. 15 bis 20 cm Höhe des fertigen Kopfes vom Halsansatz bis zum Scheitel können als Orientierungshilfe dienen. Die Überlappungsstellen der einzelnen Streifen werden immer etwas dünner gedrückt, ehe man diese zusammenfügt.

Mit einem alten Küchenmesser ohne Schliff können die Ringe außen und innen gut verstrichen werden. Das Messer darf im Wasserglas etwas angefeuchtet werden. Generell sollte Wasser aber nur sehr sparsam verwendet werden, da die Konsistenz des Materials in ihrer Festigkeit ideal ist und durch Einarbeiten von Wasser zu matschig wird.

Der Deckel, der den Eierhohlkopf verschließt, darf in der Mitte nicht zu dünn sein, da an dieser Stelle später der Führungsstab verschraubt wird. Macht man an dieser Stelle eine Pause, muss der Rohling in feuchte Tücher oder Plastikfolie verpackt werden, damit die Oberfläche nicht antrocknet.

1. Herstellung des eiförmigen Hohlkopfes

MATERIAL

- Formbare Masse, die nach dem Trocknen wie Holz zu bearbeiten ist (zum Beispiel 3 Päckchen «Holzy» der Firma EFA)
- Mattlack
- 1 Holzstab (30 bis 35 cm lang, Durchmesser 2 bis 2,5 cm)
- 3 Ringschrauben (9 x 4 mm)
- 2 Spaxschrauben (etwa 4 x 35 mm und 5 x 50 mm) mit Unterlagsscheiben (etwa 15 mm Außendurchmesser)
- Nägel («Tapezierstifte», 1,4 x 13 mm)
- Elastic-Gummiband («Standard», 5 mm breit)
- Blumenbindedraht
- Holzring (Außendurchmesser 3,3 cm, Innendurchmesser 2 cm)
- Plüsch, Fell oder Wollreste für die Perücke
- Baumwollhandschuhe in Handgröße des Puppenspielers
- Socken (etwa Größe 25)
- Puppenstopfwatte
- Babyoverall mit weiten Raglanärmeln, im Rücken zu öffnen (Größe 74) oder Sweatshirtstoff (Menge entsprechend dem Schnittmuster)
- Zwirn und Nadel

WERKZEUG

- Bohrmaschine mit Holzbohrern (Durchmesser 3 und 4 mm)
- Schraubenzieher (Kreuzschlitz)
- Hammer
- Schere
- Gegebenenfalls Nähmaschine

2. Einmassieren der Vertiefungen

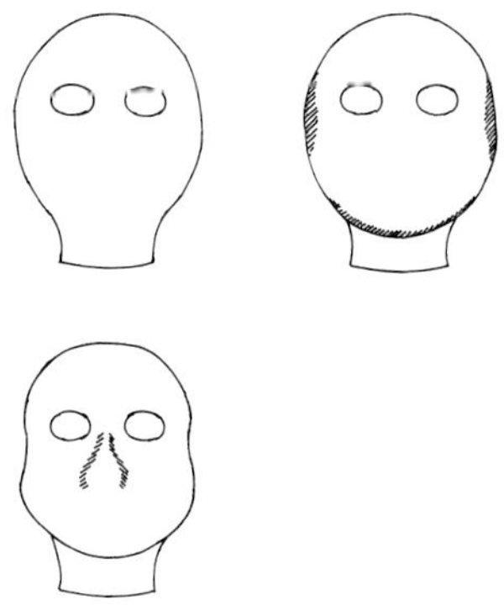

3. Aufsetzen von Nase, Wangen-, Kinn und Stirnpartie

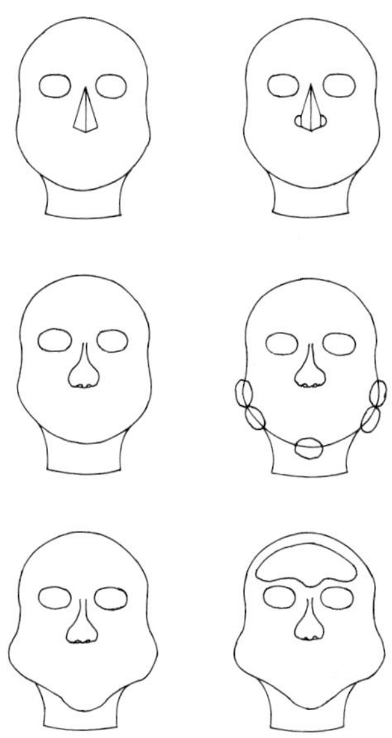

4. Formen von Lippen, Augen und Ohren

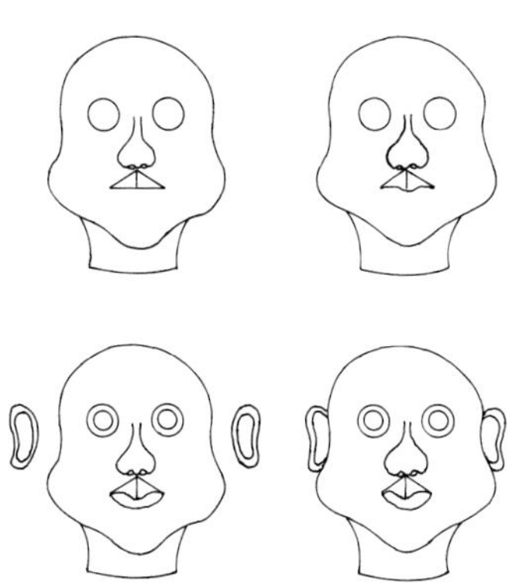

Das Gesicht

Um sich die Formen eines Gesichts bewusst zu machen, ist es sinnvoll, sie vor der Bearbeitung des Puppenkopfes am lebenden Objekt zu studieren. Die Hände ertasten dabei die Höhen und Tiefen im menschlichen Gesicht: Abstand von Nase zur Lippe, Höhe der Wangenknochen oder der Stirnplatte, Tiefe der Augenhöhlen, Form von Nase und Kinn ...

Nach dieser Vorübung werden am Puppenkopfrohling die Vertiefungen der Augenhöhlen, jene neben der noch nicht vorhandenen Nase und die Mulde unterhalb des Kinns bis zu den Ohren sanft einmassiert. Das geschieht ohne Hektik und zu starken Druck. Schließlich wird hier sozusagen der Grundstein für das Gesicht gelegt. Die Augen können höher oder tiefer, weiter auseinander oder enger gesetzt werden. Elemente der Karikatur sind bei diesen Puppen witzig, ja sogar erwünscht und können gezielt eingesetzt werden.

Die Nase wird in mehreren Schritten geformt. Zunächst bildet ein pyramidenförmiges Teil das Nasenbein. Für die Nasenflügel wird eine kleine Kugel in zwei Hälften geschnitten und links und rechts am Nasenbein angesetzt. Beim weiteren Modellieren mit den Fingern oder einem Modellierstäbchen wird unter Zuhilfenahme von wenig Wasser die Nase ausgeformt, geglättet und mit Nasenlöchern versehen.

Auch die Wangen und das Kinn werden durch Aufsetzen von Kugeln hervorgehoben und ebenfalls gut verstrichen. Eine oval geformte Platte bildet die Stirnpartie und endet mit den Augenbrauen oberhalb der Augenhöhlen. Die Oberlippe wird durch ein Dreieck direkt unterhalb der Nase angesetzt und ausmodelliert. Eine kleine Rolle wird als Unterlippe angefügt und ebenso weiterbearbeitet.

Zwei kleine Halbkugeln bilden die Augen, die in die Augenhöhlen eingesetzt und an den Rändern verstrichen werden. Für die Ohren empfiehlt es sich, eine Niere zu formen, die mit dem Messer halbiert wird; so werden sie gleich groß. Nach dem Ansetzen werden mit einem Modellierstäbchen die Ohrmuscheln ausgeformt.

Zwischendurch sollte man immer mal wieder auf Augenhöhe des Kopfes gehen, denn dieser muss einem in die Augen bzw. leicht nach unten schauen. Arbeitet man nur von oben, so wird die fertige Puppe ihrerseits nach oben schauen und nie wirklichen Kontakt mit den späteren Zuschauern oder Gesprächspartnern aufnehmen können. Nebenbei bemerkt kann der Außenstehende auch an dieser Stelle schon die Ähnlichkeit feststellen, die zwischen Puppenmachern und Puppen immer wieder zu beobachten ist. Unsere Hände reproduzieren offensichtlich in jeder Puppe ein kleines Stück von uns selbst.

Mit leicht angefeuchteten Händen wird der ganze Kopf zum Schluss sanft massiert, damit er eine schöne glatte Haut bekommt.

Der Unterkiefer

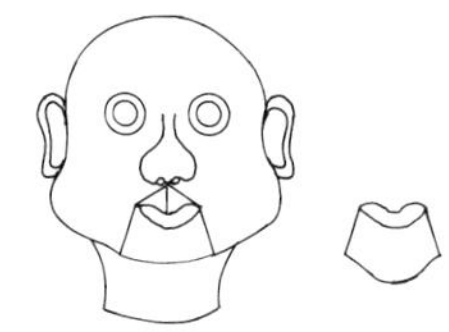

5. Ausschnitt des Unterkiefers

Mit einem Küchenmesser ohne Schliff muss genau zwischen Ober- und Unterlippe im noch feuchten Material eingeschnitten werden. Die seitlichen Schnittlinien verlaufen leicht schräg nach unten, so dass die Ausschnittkante des Kinns etwas breiter ist als der Mund selbst. Unter dem Kinn wird schließlich die letzte Schnittstelle senkrecht nach oben gestochen.

Der Unterkiefer wird vorsichtig herausgenommen. Hat sich ein kleines Materialstück gelöst oder ist eine Stelle noch nicht ganz durchtrennt, so sind entsprechende Korrekturen so vorzunehmen, dass sich an Unterkieferteil und Ausschnittstelle keine Formveränderungen ergeben. Darauf ist auch besonders zu achten, wenn mit dem angefeuchteten Messer die Schnittstellen an Kopf und Kiefer geglättet werden. Nach dem Glätten wird der Unterkiefer wieder locker in den Kopf eingesetzt. Dort sollte er bleiben, bis der Kopf ganz durchgetrocknet ist. Getrennt getrocknet könnte er sich verziehen und hinterher nicht mehr perfekt eingefügt werden.

Der Kopf braucht zum Trocknen zwei bis drei Wochen. Diese Zeit sollte ihm gegönnt werden, denn versucht man die Phase durch Heißluftzufuhr (Fön, Heizung) zu verkürzen, entstehen im Material oft Risse. Sollten auch bei der normalen Trocknungsphase ausnahmsweise kleine Risse entstehen, ist das trotzdem kein Grund zur Panik. Die Risse im bereits getrockneten Material können mit neuer feuchter Masse problemlos gekittet werden.

Der Unterkiefer darf zu keiner Zeit der Trocknungsphase aus dem Kopf fallen. Ein Stück zusammengefalteter Stoff unter dem Kinn hält den Kiefer auch im Stehen sicher an seinem Platz. Auf den Hinterkopf sollte man den Rohling erst dann legen, wenn dieser schon so trocken ist, dass er sich nicht mehr eindrücken lässt. Nun kann die Luft auch leichter durch den Hals in den Innenraum des Kopfes gelangen, bis dieser ganz durchgetrocknet ist.

Oberflächenbehandlung

Nach drei Wochen Trocknungszeit kann der Rohling weiter bearbeitet werden. Mit feinem Sandpapier wird dem Kopf ein Peeling verpasst, das heißt eventuell noch vorhandene kleine Unebenheiten der «Haut» werden glattgeschliffen. Der Unterkiefer und der Ausschnitt werden mit etwas gröberem Sandpapier und einer kleinen Feile (Nagelfeile geht auch) sorgfältig glatt gefeilt, damit der Kiefer beim probeweise Öffnen und Schließen an den Seiten nicht hängenbleibt; rechts und links sollten an dieser Stelle etwa 1 bis 2 mm Spielraum sein. Die Schicht von Farbe und Lack muss mitberücksichtigt werden. Vor dem Bemalen muss die Oberfläche staubfrei sein.

Die Grundierung

Für die Grundierung eignen sich dickflüssige, wasserlösliche Farben. Ein Hautton für menschliche Puppengesichter wird aus Weiß, Rot, Braun und Gelb in einem Glasschälchen gemischt. Die Menge sollte nicht zu sparsam bemessen sein, denn wenn die Hautfarbe nicht ausreicht, ist es sehr schwierig, den gleichen Farbton ein zweites Mal zu erzielen.

Bei anderen Hautfarben, zum Beispiel für Außerirdische oder sonstige ausgefallene Typen, sind der Fantasie und der Farbmischung keine Grenzen gesetzt. Die Grundierung kann mit dem Pinsel aufgetragen werden. Ein schönerer Teint wird erzielt, wenn sie mit den Fingern verteilt wird. Auch die Akzentuierung von Wangenknochen, Kinn, Stirn und Nase oder eben der Stellen, die man andersfarbig hervorheben möchte, lässt sich am besten mit den Fingern schminken. Das Gesicht wirkt sonst flach und langweilig. Dabei darf auch ruhig wieder im Sinne der Karikatur übertrieben werden. Nachdem die Lippen, der Mundinnenraum und die Zähne gemalt wurden, kommt man zum wichtigsten Teil des Gesichts, den Augen.

Die Augen

Augen sind so wichtig und ausdrucksvoll, dass man sich genauer mit ihnen beschäftigen muss. Zuerst ist es sinnvoll, aus Zeitschriften, Fotos oder Comics viele Augenpaare auszuschneiden, genau zu betrachten und zu analysieren. Allein die Augen können Freude, Angst, Wut, Müdigkeit, Neugierde, Trauer oder Glück ausdrücken. Nach dem Sortieren in Emotionsbereiche empfiehlt es sich, genau nachzuschauen, woran das wohl liegt: Wieviel sieht man vom «Weißen», wie groß sind die Pupillen, welche Form haben die Augen und wie weit sind die Augenbrauen nach oben gezogen? Auch hier bringt die Recherche und Analyse mehr als theoretische Vorträge.

Der nächste Schritt ist ein Skizzenblatt, auf das mehrere Augenformen gezeichnet werden. Nicht vergessen: Es müssen nicht unbedingt nur menschliche Augen sein! Auch die Stellung der Augenpaare kann sehr unterschiedlich sein.

Die weißen Augenformen werden im zweiten Schritt mit der farbigen Iris bestückt. Verschiedene Farben, Größen und Platzierungen können ausprobiert werden. Dabei darf man im Hinblick auf die Puppe nicht vergessen, dass der Blick nach oben Kontakt mit Zuschauern und Gesprächspartnern verhindert!

Jetzt werden die Augenpaare mit den Pupillen versehen: Große Pupillen wirken sympathischer als kleine. Auch die Augenlider haben eine entscheidende Funktion: Zu weit hochgezogen lassen sie die Puppe erschreckt starren. Zu tief angesetzt wird sie fast einschlafen. Ganz zum Schluss kommt ein kleiner, weißer Lichtpunkt in jedes Auge: Er macht die Augen strahlend und erweckt sie zum Leben.

Zeichnet man die Augen in der passenden Größe, können sie auch ausgeschnitten und probehalber auf den Puppenkopf gelegt werden. Erst nach diesen Vorübungen sollte man entscheiden, welche Augen zu der eigenen Puppe passen, und diese dann mit Wasserfarben auf den Puppenkopf übertragen. Die einzelnen Schichten zwischendurch gut trocknen lassen!

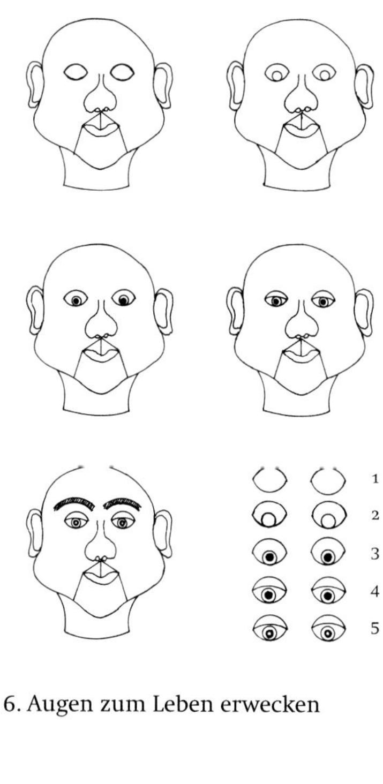

6. Augen zum Leben erwecken

Der Sprechmechanismus

Der getrocknete Kopf wird mit Mattlack überzogen. Nachdem auch die Lackschicht getrocknet ist, wird er durch den Bau der Kieferkonstruktion zum Sprechen gebracht. Hierzu benötigt man den Rundholzstab. Eine Ringschraube wird 2 cm unterhalb der Oberkante in den Holzstab geschraubt. In den Schraubenring wird mit starkem Zwirn das eine Ende des Gummibandes fest eingenäht.

Die beiden anderen Ringschrauben werden, wie auf den Strichzeichnungen zu sehen ist, in den Unterkiefer geschraubt. An die Ringschraube unter dem Kinn wird der Holzring mit Blumenbindedraht sorgfältig befestigt. Das Drahtverbindungsstück zwischen Schraube und Holzring ist etwa 6 cm lang.

Der Stab mit dem Gummiband wird durch die Halsöffnung in den Kopf eingeführt. Mit einem spitzen Gegenstand holt man das Gummiband aus dem Mund heraus. Das Gummiband wird jetzt durch die obere Ringöse am losen Kieferteil gezogen und in die richtige Position gebracht. An dieser Stelle muss man einfach ein bisschen ausprobieren. Das Gummiband zwischen dem Stab, der an der Schädelplatte anstößt, und dem Unterkiefer muss in eine optimale Spannung gebracht werden. Ist diese zu groß, lässt der Mund sich nur schwer öffnen. Ist sie zu locker, sackt der Unterkiefer nach unten und der Mund schließt sich beim Sprechen nicht richtig.

Hat man die ideale Spannung ausgetüftelt, wird das Gummiband auch an der unteren Ringöse gut festgenäht und erst danach die überschüssige Länge abgeschnitten. Der Stab wird jetzt in die richtige Position gebracht. Dabei ist zu beachten, dass das Gummiband im Kopf nicht verdreht wird und der Stab den Punkt des Schädels trifft, von dem aus der Unterkiefer ohne Klemmen durch leichtes Ziehen am Holzring den Mund öffnet und schließt.

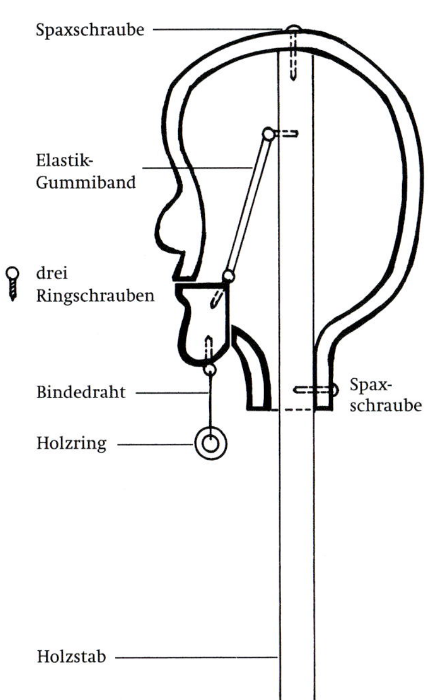

7. Sprechmechanismus

Für diese Aufgabe muss man zu zweit sein, damit eine Person den Kopf halten kann, während die andere von allen Seiten schaut, wo die Mitte des Holzstabes die Schädeldecke trifft. Hilfreich ist es, sich den Kopf dabei aus Glas vorzustellen. Mit der Bohrmaschine wird am markierten Punkt durch die Schädeldecke in den Kern des Holzstabes gebohrt und anschließend der Schädel mit der größeren Schraube unter Verwendung einer Unterlagsscheibe mit dem Holzstab verschraubt. Die kleinere Schraube (eventuell mit Unterlagsscheibe) fixiert den Hals zusätzlich am Holzstab, damit dieser sich nicht mehr verdrehen kann.

Tipp: Trockene Seife an den Reibungsstellen des Unterkiefers lässt diesen noch leichter gleiten.

Für die Frisur besorgt man Fellreste, Plüschplatten oder knüpft aus Wollresten eine Perücke. Die Perücke wird mit kleinen Nägeln und geeignetem Hammer auf dem Kopf befestigt.

Der Körper

Ein Babyoverall mit Raglanärmeln (etwa Größe 74), der im Rücken bis zum Schritt zu öffnen ist, kann nach angegebenem Schnitt genäht oder fertig gekauft werden. Beim Kauf ist zu beachten, dass der Ärmelbereich weit genug ist, damit der Spieler bequem in die Puppenhand schlüpfen kann. Der Stoff des Anzugs soll dehnbar und nicht zu dünn sein. Gut geeignet ist Sweatshirtstoff.

Die Hände sind weiße Baumwollhandschuhe in der Größe des Puppenspielers. Man bekommt sie in Drogerien, Sanitätshäusern oder Spielwarengeschäften, die Faschings- oder Zauberartikel führen. Wollhandschuhe sind beim Spielen zu unangenehm. Wer eine andere Farbe will, kann die Handschuhe auch selbst einfärben. Die Handschuhe näht man von Hand in den Overallärmelbund. Dabei stülpt man einen Handschuh über ein Glas und zieht das Bündchen bis zur Handmitte, damit die Hände optisch etwas kleiner wirken. In der Ärmelbundinnenseite schneidet man danach den Rand des Handschuhs ab, und vernäht die Kante so, dass man durch den Ärmel schnell und bequem in den Handschuh kommt. Die linke Hand wird mit Puppenstopfwatte ausgestopft. Dabei muss beachtet werden, dass sie in der Größe der rechten Hand des Puppenspielers entspricht und nicht zu dick wird.

Die Füße sind Kindersocken, gekauft oder selbstgestrickt (etwa Größe 25), die ebenfalls mit Puppenstopfwatte ausgestopft werden, ehe man sie an die Hosenbeine näht.

Mit diesem Grundanzug ist der Körper der Theaterpuppe eigentlich schon fertig. Wer noch viele gute Ideen hat, kann den Anzug selbstverständlich individuell ausgestalten. Kinderschuhe, Hüte, Haarspangen usw. geben der Puppe ihr persönliches Outfit.

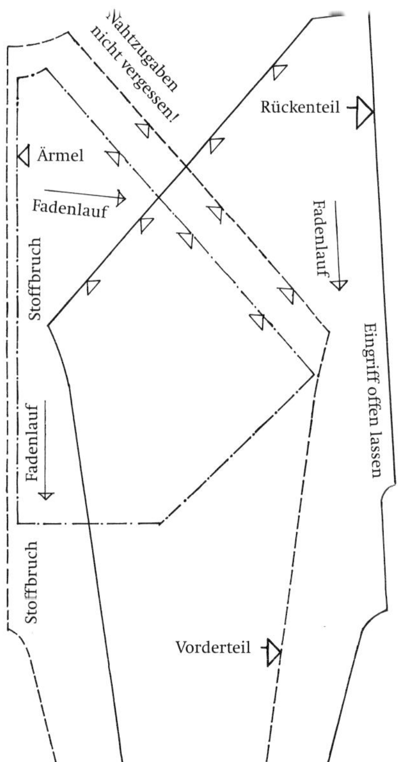

Schnittmuster 1:5

Der Körper wird mit Nägeln am Hals fixiert. Stab und Ring verschwinden unsichtbar im Körper. Unterhalb des Unterkiefers lässt man beim Anbringen etwas Luft, damit der Verbindungsdraht des Zugrings nicht eingeklemmt wird. Ein locker gebundenes Halstuch kann diese Stelle kaschieren.

SPIELHINWEISE

Wer die fertige Puppe dekorativ ins Wohnzimmer setzten möchte, steckt den Holzstab in eine ausgespülte Glasflasche mit weitem Flaschenhals, die die Wirbelsäule ersetzt, und bringt Hände und Füße in eine gutaussehende Position. Müsste sie aber für immer tatenlos dort rumsitzen, wäre ihr das sicher gar nicht recht. Sie will hinaus, unter Leute und etwas erleben!

Es gibt für den Anfang ein paar kleine Tricks, die man beachten muss. Die linke Hand greift durch die Rückenöffnung zum Stab und umfasst diesen so, dass der Zeigefinger in den Ring gelegt werden kann. Ein leichter Zug öffnet den Mund. Zieht man beim Sprechen zu stark, schreit die Puppe jedes Wort heraus. Die rechte Hand schlüpft ebenfalls durch die Rückenöffnung in die rechte Puppenhand. Der Arm wird einmal ganz durchgestreckt, damit die Hand nicht im Ellbogengelenk steckenbleibt. Ist man richtig im Arm, kann die Puppe schreiben, einen Ball werfen, jemand die Hand schütteln, mit dem Finger drohen, ... und somit ihre Lebendigkeit erproben. Vor dem Spiegel, der der beste Lehrmeister ist, singt sie ihr erstes Lied oder sagt ein Gedicht auf. Der Spiegel hilft den Puppenspielern, die synchrone Mundbewegung zur Sprache zu kontrollieren. Jede Silbe ist ein Zug am Ring. Deshalb übt es sich mit einem rhythmischen Lied oder Gedicht anfangs auch am besten.

Diese Grundfertigkeiten sind schnell erlernt. Wichtig ist beim Spiel, dass die Puppe immer in Bewegung ist und entsprechende Gestik ihre Ausdrucksmöglichkeiten hervorbringt.

Für eine Theateraufführung kann ein Kleiderständer mit Teleskopstangen auf Spielerhöhe ausgefahren werden. Zwei zusammengezogene Vorhänge verstecken den Puppenspieler hinter der Theaterwand, davor steht eine Kiste. Sie ist so hoch, dass die Puppe, die durch den Vorhangspalt die Bühne betritt, bequem sitzen oder stehen kann und auch der Puppenspieler keine Rückenschmerzen bekommt. Eine Wäscheklammer verhindert, dass der Vorhang sich öffnet.

Die sprechenden Theaterpuppen sind jedoch nicht nur für den großen Auftritt auf der Puppenbühne gedacht. Ihre Stärke ist auch ihre Alltagstauglichkeit und dafür braucht man keine großen Vorbereitungen und Bühnen.

Puppenspieler und Theaterpuppen können ruhig gemeinsam auftreten. Kinder und Erwachsene schauen meistens ohnehin nur auf die Puppen, selbst wenn die Spielenden dabei sichtbar sind.

Beim Spielen werden alle Bewegungen ausschließlich durch die Puppe ausgeführt. Auch die eigene Mimik muss kontrolliert werden. Beim Sprechen ist der Kopf der Puppe vor dem Mund des Spielenden. Dieser tritt als Mensch erst dann in Aktion, wenn er sich in das Gespräch der Puppe einmischt, mit ihr oder mit den Zuschauern redet. Spricht die Puppe wieder dazwischen, nimmt der Spieler sich in diesem Augenblick schnell wieder zurück.

Erfahrungen sammeln die Puppenspieler am besten unter Leuten. Auf einem Kinderspielplatz oder in der Fußgängerzone einfach mal jemanden ansprechen – es ist verblüffend, mit wie vielen großen und kleinen Leuten man über die Puppe spontan in ein nettes Gespräch kommt.

11 Stabpuppen hinter der Vorhangstange

Die Stabpuppe gehört zu den leicht zu lenkenden Theaterpuppen. Sowohl in ihrer Handhabung beim Spiel als auch schon in der Herstellungsphase eignet sie sich für Puppentheatereinsteiger. Ihre Bühne ist so unkompliziert wie sie selbst. Dabei wirkt sie trotzdem sehr imposant. Die Zauberer werden von beiden Spielerhänden geführt und sind etwa einen Meter hoch. Stabpuppen können jedoch auch in viel größeren Dimensionen angefertigt werden. Eine riesengroße Puppe wird mit dem Stab, der ihren Kopf trägt, auf einem Helm installiert, welcher auf dem Kopf des Spielers mit einem Kinnriemen rutschsicher befestigt ist. Die Hände des Spielers tragen dann die Führungsstäbe der Puppenhände und das Puppengewand fällt über den ganzen Körper des Spielers. Für den Durchblick sind Sehschlitze ausgeschnitten. Im Prinzip weicht die Anleitung für den Riesen von den hier vorgestellten Stabpuppen nur durch die Kopfbefestigung, einen zweiten Handführungsstab und die Größe der Figur ab. Außerdem befinden sich die Spieler der vorgestellten Zauberer für das Theaterstück hinter einem Vorhang.

HERSTELLUNG

Das Theater

Für die Bühne bieten sich verschiedene Möglichkeiten an: Eine spanische Wand oder ein großes Tuch, über ein quer durch den Raum gespanntes Seil gehängt, genügen schon für die Vorführung. Ideal, auch für den Transport, ist ein Kleiderständer auf Rollen, dessen Stange sich teleskopartig in die gewünschte Höhe ausfahren lässt. Ein leichter Vorhangstoff in der Länge der höchsten Einstellung des Kleiderständers bekommt an der Oberkante einen Tunnelbund genäht, durch den die Stange des Kleiderständers geschoben wird. Der Vorhang kann auch aus zwei Stoffteilen genäht werden und somit in der Mitte zu öffnen sein. Das ermöglicht beim Spiel eine zweite Ebene. Eine Stabpuppe schaut zum Beispiel gerade «aus dem Fenster», während sie eine andere Stabpuppe durch die Vorhangöffnung sozusagen «im Parterre» anspricht.

MATERIAL

- Fahrbarer Leichtmetall-kleiderständer mit Teleskopstangen
- Vorhangstoff
- Nähgarn

WERKZEUG

- Nähmaschine
- Schere

Der Kopf

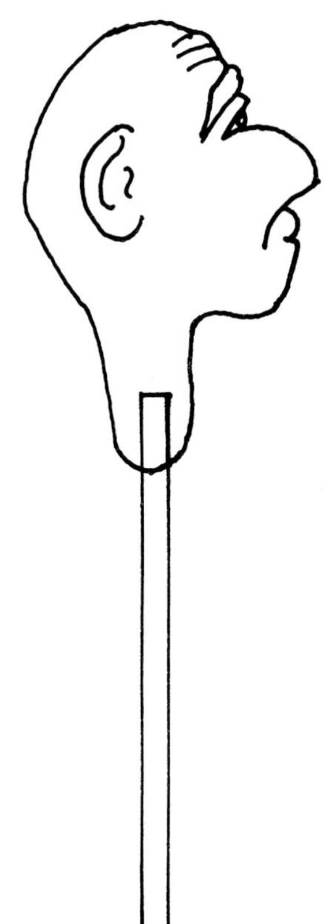

Der Kopf wird von einem Holzstab getragen, der ungefähr einen Durchmesser von 1 cm hat und 50 cm lang ist. Als Modelliermasse eignet sich Softknete, die nach dem Trocknen so leicht wie Styropor ist. Aus der Masse wird eine Kugel geformt, deren Durchmesser etwa 10 cm beträgt. Aus dieser Kugel modelliert man eine Eiform als Kopf und den Hals, der einen kleinen Rand bekommt, an dem das Gewand der Puppe später befestigt werden kann.

Die Kinn-, Wangen- und Stirnpartien können aus der Eiform selbst weiterentwickelt oder mit zusätzlicher Masse aufgesetzt werden. Beim Aufsetzen muss das Material durch Verstreichen immer gut verbunden werden. Ein stark ausgeprägtes Kinn lässt die Figur energisch, bei Übertreibung brutal wirken. Die Größe, Form und Platzierung der Nase ist für die Charakteristik der Figur ebenfalls sehr wichtig. Die Mitte des Gesichtes ist für eine Puppe, die eine erwachsene Person darstellt, die normale Lage. Verschiebt man die Position der Nase nach oben, verkleinert sich die Stirnpartie. Der Betrachter assoziiert unbewusst einen dümmeren Typ mit kleinerem Gehirn. Setzt man die Nase tiefer, wird das Gesicht kindlich.

Auch Abstand, Größe und Form der Augen bestimmen Charakter, Alter und Verfassung des Gesichts. Bevor die Augäpfel eingesetzt werden, müssen die

Augenhöhlen als Vertiefung eingedrückt werden. Die Ohren werden nierenförmig vorgeformt und nach den Ansetzen mit einem Stäbchen ausmodelliert.

Die aufgesetzte Mundpartie kann, wie beim alten Zauberer, auch geöffnet dargestellt werden. Seine Zahnreihen sind bewusst nur lückenhaft und die Zähne werden beim Bemalen mit Ablagerungen versehen. Als letzten Arbeitsgang zieht man mit dem feinen Modellierstab Alters- und Mimikfalten in das Gesicht.

In den noch feuchten Kopf wird der Stab vorsichtig durch den Hals bis zur Kopfmitte geschoben. Nach dem Trocknen wird das Gesicht mit Wasserfarben bemalt und später mit Mattlack überzogen.

Die Hände

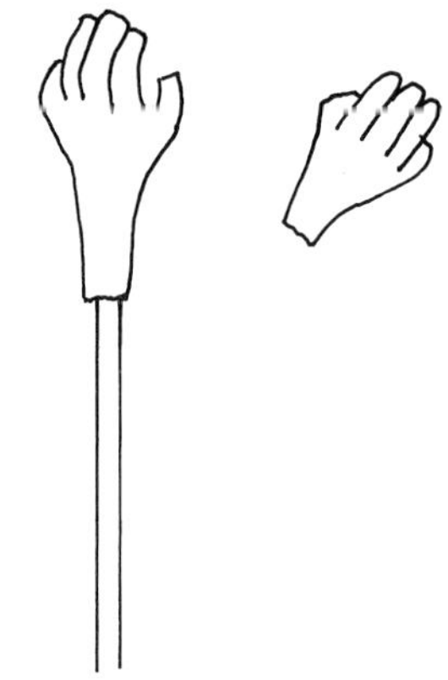

Der Umriss der Hände, deren Finger geschlossen nebeneinander liegen, wird aus einer Scheibe der Modelliermasse mit einem spitzen Messer ausgeschnitten. Als Modell können die eigenen Hände auf Papier nachgezeichnet und auf die Größe der Puppe übertragen werden. Die Relation der Hände zum Gesicht kann man ebenfalls bei sich selbst messen: Von der Handwurzel bis zur Kuppe des Mittelfingers deckt die Hand das Gesicht vom Kinn bis zur Stirn ab.

Die Handrohlinge bekommen vier Einschnitte für die Finger. Jeder Finger wird einzeln ausgeformt und die Hand anschließend in eine gewünschte Position gebracht. Sie kann zum Beispiel, so wie beim jüngeren Zauberer, einen Gegenstand halten. Der Holzstab wird vom Handgelenk bis zur Handmitte in die feuchte Hand geschoben. Eventuelle Risse können mit zusätzlicher Masse ausgeglichen werden. Nach dem Trocknen werden die Hände passend zum Gesicht mit Wasserfarben bemalt und entsprechend lackiert.

Das Gewand

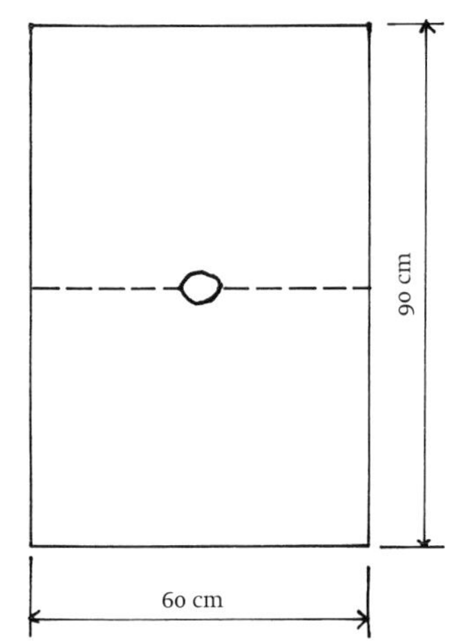

Der Stoff für das Gewand wird auf ein Maß von 90 x 60 cm zugeschnitten. Zusammengeklappt erhält er in der Faltmitte einen Einschnitt für den Hals. Bis auf die Öffnungen für die Hände werden die Seiten geschlossen und der Saum rolliert. Der Kopfstab wird durch die Halsöffnung des Gewandes geschoben. Das Kopf- und Handmaterial ist so leicht und porös, dass das Gewand mit einer langen Nähnadel und starkem Nähfaden daran angenäht werden kann. Ein Kragen oder Halstuch kaschiert den Halsbereich und täuscht Schultern vor. Haare aus Wolle, Plüsch oder Fell werden aufgeklebt. Spitzhut und Turban sind bei den beiden Zauberern mit Stecknadeln am Kopf befestigt. Die Hand ohne Stab wird am Gewand mit wenigen Stichen befestigt, damit sie nicht schlaff herunterhängt.

SPIELHINWEISE

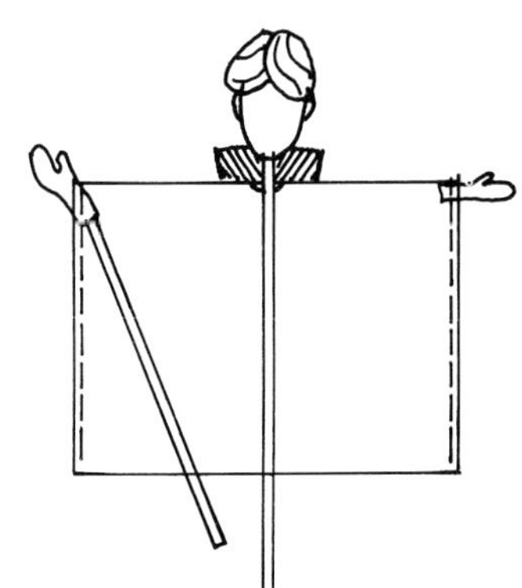

Die linke Spielerhand hält den Kopfstab, während die rechte mit dem Handstab agiert. Es ist empfehlenswert, zunächst vor dem Spiegel zu üben, um die Wirkung selbst sehen zu können. Die Weite des Gewandes bringt der Puppe einen sinnvollen Aktionsradius und versteckt die Stäbe und Spielerhände. Wer schon eine Stabpuppe in Aktion gesehen hat, fragt sich vielleicht, wie es möglich ist, dass manche von ihnen beide Hände bewegen können. Hierfür treten

MATERIAL

- 2 Holzstäbe (50 cm lang, Durchmesser 1 cm)
- Modelliermasse, die nach dem Trocknen styroporähnlich wird
- Wasserfarben (Dispersionsfarben)
- Mattlack
- Gewandstoff (90 x 60 cm)
- Stoffreste für Kragen, Hut, ...
- Nähgarn

WERKZEUG

- Modellierstäbe
- Messer
- Schere
- Pinsel
- Nähmaschine
- Nähnadeln

entweder zwei Spieler für eine Puppe in Aktion oder ein Spieler hat den Kopfstab der Puppe mit einem entsprechenden Gestell auf dem eigenen Kopf befestigt und agiert mit zwei Stäben, die an der linken und rechten Hand der Puppe befestigt sind. In einem solchen Fall können die Puppen natürlich auch wesentlich größer sein als beim gezeigten Beispiel. Für größere Puppen ist die Leichtigkeit von Modelliermasse, Stoff und Stäben besonders wichtig.

Hinter der Vorhangstange stehend, «steigen» die Puppen seitlich imaginäre Treppenstufen hoch, wenn sie die Kleiderstangenhöhe der Bühne betreten. Beim Spielen, das ist ganz wichtig, sollten sich die Puppen leicht zum Publikum herabneigen, um nicht blicklos darüber hinwegzusehen.

12 Schattenfiguren in farbigen Welten

Eine Aufführung der Schattenfiguren wirkt auf kleine und große Zuschauer oft noch geheimnisvoller als manches andere Figurentheaterstück. Das liegt wohl daran, dass die Akteure eher indirekt erscheinen. Der Raum ist noch stärker abgedunkelt und nur die Spielwand von hinten erleuchtet. Die Figur betritt diese Bühne scheinbar nicht selbst – es ist ihr Schatten! Das Spiel mit Schatten und Licht ist dem Menschen schon von Kind an vertraut. Mit der Sonne im Rücken ist der eigene Schatten ein faszinierendes Gegenüber. Er wird je nach Tageszeit und Sonnenstand kleiner oder größer und gibt jede Bewegung synchron wieder. Und dennoch wirkt der Zwerg oder Riese nicht wie unser Spiegelbild, sondern wie eine ganz eigene, losgelöste Figur, die uns zufällig gegenübertritt.

Diese Begeisterung erlebt man auch immer wieder bei Diaabenden. Sobald das Projektorlicht auf die Leinwand trifft, kommt ein Familienmitglied auf die Idee, die bloße Hand als einen bellenden Hund auf der Leinwand erscheinen zu lassen. Der Effekt von Licht und Schatten bietet jedoch noch viel mehr Möglichkeiten. Dieses Kapitel zeigt, wie Schattenfiguren auch farbige Welten betreten können oder sogar selbst Farbe bekennen.

HERSTELLUNG

Die Bühne

Sie besteht immer aus einem lichtdurchlässigen, aber nicht klaren Material. Das kann ein weißes Bettlaken, ein anderer dementsprechender Stoff oder auch eine Kunststofffolie sein, die dieser Anforderung gerecht wird. Spannt man diese Bühne in einen Türrahmen, entsteht sofort ein Spielzimmer und ein Zuschauerraum. Der untere Teil des Türrahmens wird auf Spielerhöhe mit einem lichtundurchlässigen, dunklen Tuch abgehängt.

Eine weitere Möglichkeit ist es, eine Rahmenkonstruktion anzufertigen, auf die die Leinwand mit Reißnägeln fest aufgespannt wird. Je nach Größe kann die so entstandene Bühne auf stabilen Ständern befestigt oder mit klappbaren Seitenflügeln zum Tischmodell werden. In beiden Fällen ist, wie bei der Türrahmenbühne, wieder der untere Bereich so abgehängt, dass die Figurenführer nicht gesehen werden können. Als starke Lichtquelle eignet sich besonders ein Dia- oder ein Hellraumprojektor. Das Licht soll genau den Bühnenausschnitt treffen und nicht die weitere Umgebung mitbeleuchten. Beim Einsatz von zwei Lichtquellen können durch Überschneidung der Beleuchtungsebenen doppelte Konturen entstehen, die dann bewusst als Gestaltungsmittel eingesetzt werden.

Die Schattenfiguren

Ganz spontan können als «Akteure» die zu Figuren geformten Hände des Spielers oder Alltagsgegenstände auftreten: Wenn das Küchensieb den Thymianstrauss aus dem Kräutergarten trifft, führt das zum einen zu sehenswerten Licht- und Schatteneffekten, zum anderen entsteht daraus ein interessantes Gespräch über die Welt «drinnen und draußen».

Aus festem schwarzen Karton ausgeschnittene Figuren werden mit einem Führungsstab versehen. Wird dieser über die gesamte Figur mit Klebestreifen befestigt, stabilisiert er den Karton zusätzlich. In dieser einfachen Ausführung wird die Figur zusammen mit dem Stab über die Bühne geführt. Weitere Körperteile können in Bewegung gesetzt werden, indem sie einzeln ausgeschnitten und mit Musterklammern am Körper befestigt werden. Auch verknotete Nylonfäden können als Gelenkverbindung dienen. Zusätzlich ist an das bewegliche Körperteil ein weiterer Führungsstab anzubringen. So kann der Riese «Pampelmus» mit einer Auf-ab-Bewegung des zweiten Führungsstabes immer wieder von seiner Birne abbeißen.

Figuren, die im Stil des Scherenschnittes filigrane Ausschnitte als Körperkonturen oder Bekleidungsmusterungen erhalten, können mit farbigem Transparentpapier hinterklebt werden. Wer ganz von Schatten- auf Lichtfiguren übergehen will, verwendet statt schwarzem Karton eine glasklare Kunststoffplatte oder Kunststofffolie, die auf eine Drahtrahmenkonstruktion geklebt wird. Mit Folienstiften oder Glasmalfarben können die Figuren farbig ausgestaltet werden.

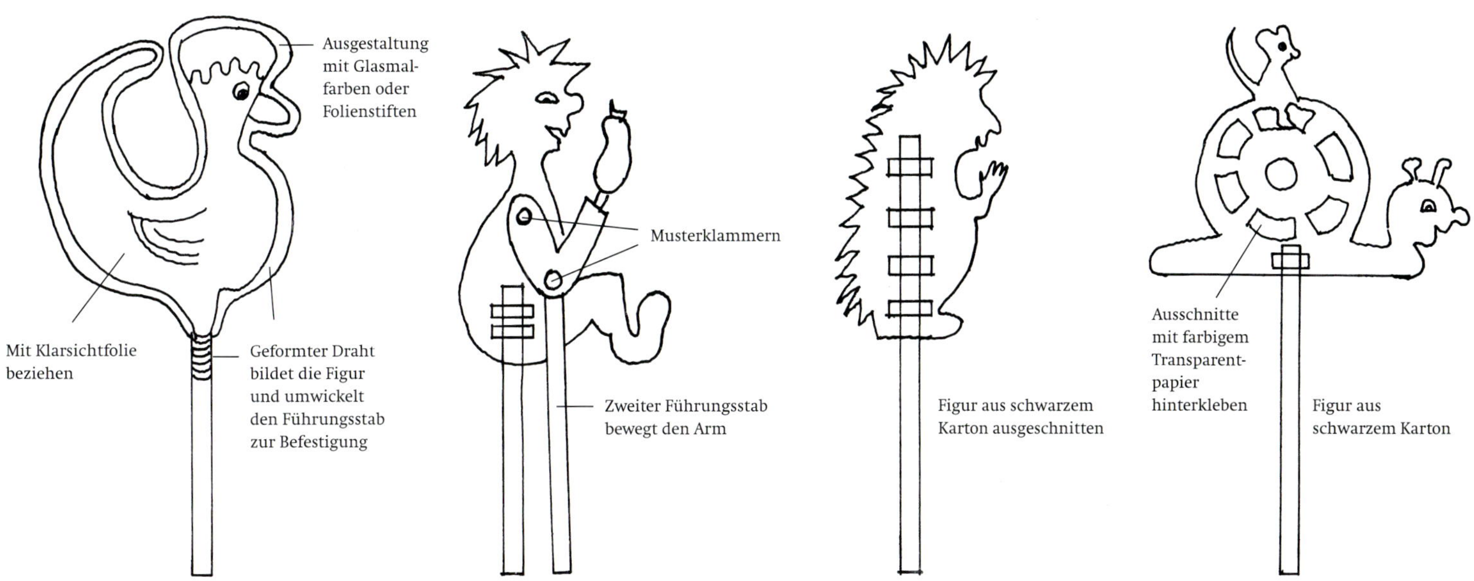

Die Beleuchtung

Ohne sie läuft gar nichts! Wie schon erwähnt, eignet sich ein Dia- oder ein Hellraumprojektor besonders gut. Hier sind auch die Möglichkeiten für die Entstehung der farbigen Welten gegeben, die die dunklen Schattenfiguren betreten. Ein entsprechendes Dia eingelegt – und schon befinden sich die Schattenfiguren auf einer Blumenwiese, in einer Stadt oder sonst wo (bei farbigen Figuren sollte das Licht allerdings neutral-weiß bleiben!). Wer die so entstehende Umgebung selbst entwerfen will, fotografiert ein selbstgemaltes Kulissenbild mit einem Diafilm ab oder bemalt ein Diaglasrähmchen direkt mit Folienstiften oder Glasmalfarben.

Auf dem Hellraumprojektor können farbige Transparentfolien direkt aufgelegt und projiziert werden. Solche Folien kann man entweder fertig kaufen oder auch selbst herstellen (mit Folienstiften und Glasmalfarben, eventuell auch unter Einbeziehung gekaufter, teilweise ausgeschnittener Farbfolien). Durch das schnelle Wechseln verschiedener Dias oder Hellraumfolien können die Spielszenen immer passend zur eingeblendeten Kulisse ausgestaltet werden.

MATERIAL

- Bettlaken, entsprechender Stoff oder transparente (nicht klare) Kunststofffolie
- Reißnägel
- Rahmenkonstruktion aus Holz
- Lichtmedium (zum Beispiel Diaprojektor, Hellraumprojektor)
- Starker, schwarzer Karton
- Musterklammern
- Transparentpapier
- Kunststofffolien
- Holz- oder Drahtführungsstäbe
- Klebeband
- Glasmalfarben und Folienstifte

WERKZEUG

- Schere
- Pinsel

SPIELHINWEISE

Körperteile des Spielers sollten im Schattenspiel nur dann zu sehen sein, wenn sie bewusst als Stilelement eingesetzt werden. Ansonsten ist es wichtig, die Position des Spielers beim Bühnenaufbau so zu berücksichtigen, dass er zu keiner Zeit versehentlich im Bühnenbild auftaucht. Ist die Lichtbühne im Türausschnitt oder in einer Rahmenkonstruktion auf hohen Ständern befestigt, sitzt oder steht der Spieler hinter dem dunkel abgehängten Raum unter der Lichtbühne. Die Spielstäbe werden dann von unten geführt.

Bei einem Tischmodell befindet sich die Lichtquelle zwischen Spieler und Leinwand. In diesem Fall treffen die Spielstäbe senkrecht auf die Schattenfigur, damit sie vom Spieler aus dieser Position bedient werden können.

Die Figuren befinden sich während des Spiels in jedem Fall direkt an der Leinwand. Je mehr sie sich von dieser entfernen, desto unschärfer erscheinen ihre Konturen. Gezielt eingesetzt, kann man sie so auch kommen und gehen lassen. Ansonsten betreten die Schattenfiguren die Bühne von der Seite. Ein Wechsel der farbigen Lichtkulisse geschieht am besten durch eine zweite Person. So kann sich der Spieler (bzw. auch zwei oder mehrere Spieler) ganz auf die Rolle der Schattenfiguren und den Zusammenhang des Stückes konzentrieren.

Schattenfiguren bieten sich auch gut für eine erzählte Geschichte an, die nur durch bewegte Bilder dargestellt wird, und in der die Figuren selbst nicht zum Sprechen eingesetzt werden. Hier verdeutlicht sich auch nochmal die geheimnisvolle Atmosphäre und die zu Beginn des Kapitels erwähnte indirekte Spielart der Schattenfiguren. Während zum Beispiel eine Handpuppe im Scheinwerferlicht mit den Zuschauern Kontakt aufnimmt, sie anspricht, ihnen antwortet und sie aktiv miteinbezieht, hält sich die Schattenfigur immer diskret hinter der Trennwand zurück. Kontakt zum Zuschauer kennt sie nicht. Sie lebt in einer eigenen Welt – eine Welt aus Licht und Schatten, die Groß und Klein zum Staunen bringt.

13 Marionetten in Variationen

Wenn ein Mensch in einer bestimmten Situation als Marionette bezeichnet wird, lässt das den Schluß zu, dass er ganz und gar fremdgeführt ist und keine Bewegung ohne die Fadenzieher machen könnte. Allerdings wird das von Außenstehenden oft nicht einmal bemerkt. Übertragen wir diese Symbolik auf die Beziehung zwischen der wirklichen Marionette und dem Puppenspieler zurück, bedeutet das für diesen, dass er es in der Hand hat, ob die Marionette glaubwürdig zum Leben erweckt werden kann. So kann es auch bei einer Marionetten-Aufführung dazu kommen, dass die Zuschauer fast vergessen, daß die kleinen Schauspieler hier fremdgeführt sind – gar zu echt wirken ihre Ausdrucksformen.

Mehr als bei allen anderen Theaterpuppenarten, die in diesem Buch vorgestellt werden, bedarf es bei Marionetten jedoch der Übung im Umgang mit ihnen. Verhedderte Fäden oder Probleme bei der Marionetten-Spieler-Kommunikation haben schon manchen spielbegeisterten Anfänger dazu gebracht, die Marionette als Dekorationsobjekt im Wohnzimmer aufzuhängen, wo sie von da an ihre Tage verbringen musste. Es ist also empfehlenswert, mit einer einfachen Variante zu beginnen. In diesem Sinne versteht sich auch die Reihenfolge der vorgestellten Marionetten und deren Bauanleitungen.

Das kleine Gespenst

Im kleinen Gespenst stellt sich ein Vertreter der Dreifadenmarionetten vor. Diese Form ist wirklich kinderleicht zu führen und herzustellen. Für diese Marionettenart eignen sich alle Figuren, die sich leichtfüßig oder schwebend über die Bühne bewegen. Eine Fee in einem flatternden Gewand oder eine Balletttänzerin sind ebenfalls sehr gut vorstellbar. Es können auch Füße unter dem Gewand hervorschauen, die dann jedoch nicht einzeln beweglich sind, sondern bei den Auf- und Abbewegungen des Kopffadens mitgezogen werden. So erreicht man ein Trippeln oder Hüpfen der Theaterpuppe. Das kleine Gespenst bleibt aber lieber bei seinen Schwebekünsten; gut zu Fuß war es schließlich noch nie.

HERSTELLUNG

Die Figur

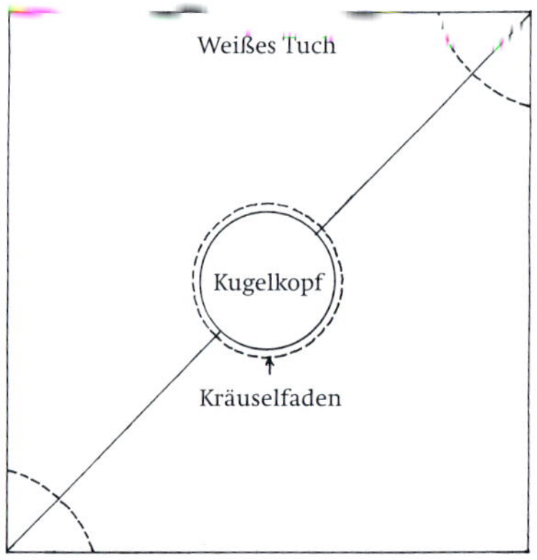

In die Mitte eines quadratischen weißen Seidentuches wird eine Styroporkugel gelegt. Das Tuch wird fest um die Kugel gespannt und direkt unter ihr am Hals mit starkem Zwirn abgebunden. Silberkopfstecknadeln, knapp über dem Hals in die Styroporkugel gesteckt, stellen eine Halskette dar. Mit schwarzer Gutta (Seidenmalkonturenfarbe) werden gespenstisch große Augen, eine Nase und ein breiter Mund gemalt. Nach dem Trocknen werden mit weißer Gutta die Zähne und die beiden Lichtpunkte in den Augen aufgetupft.

Einer der drei Fäden wird oben in der Mitte des Kopfes angenäht, die anderen beiden an zwei gegenüberliegenden Zipfeln des Seidentuches als Armfäden. Der Rest des Tuches bildet den Gespensterkörper. Füße hat ein Gespenst ohnehin nicht – schließlich kann es fliegen!

Das Fadenkreuz

MATERIAL

- Weißes Seidentuch (Beispielgröße: 60 x 60 cm)
- Styroporkugel (Durchmesser 8 cm)
- Dünne Vierkantstäbe
- Schwarze und weiße Gutta (Trennfarbe für Seidenmalerei)
- Weißer Zwirn
- Heißkleber

Zwei Vierkantstäbe werden mit Heißkleber kreuzweise verbunden. Der Querstab trägt die Armfäden, welche an den Stabenden verknotet werden. Er bestimmt demnach, wie weit das kleine Gespenst im Spiel die Gespensterarme ausbreitet. Der Kopffaden wird am Kreuzpunkt der Stangen befestigt. Mit jeweils einem Tropfen Heißkleber können die Fäden nach dem Verknoten rutschfest fixiert werden. Die Fadenlänge ist abhängig von der Spielergröße. Das Gespenst ist auch von kleineren Kindern leicht zu bedienen. Die Spielerhand ist bei der Führung der Marionette auf Taillenhöhe angehoben, das Gespenst selbst streift dabei mit den hängenden Gewandzipfeln kaum den Boden. In dieser Position wird die Länge des Fadens zwischen Marionettenkopf und Spielkreuz gemessen. Die Armfäden sind etwas länger, sonst würde das Gespenst in der Ruhephase ständig beide Hände über den Kopf strecken.

SPIELHINWEISE

Die Hand führt das Spielkreuz an der hinteren Hälfte des senkrechten Kreuzstabes. Wird dieser Stab leicht zwischen Zeigefinger und Daumen hin- und herbewegt, hebt das Gespenst abwechselnd den einen und den anderen Arm. So schwebt es in gleichmäßiger Bewegung mit schleppendem Gewand über das Parkett. Hebt man es stärker an, beginnt es durch den Raum zu fliegen. Durch stakkatoartige Bewegungen beginnt es zu zappeln und lässt dabei sein gespenstisches Lachen ertönen. Es kann sich in diesem Bewegungsablauf auch kräftig ärgern.

Besonders eindrucksvoll kommt es beim Theaterspiel am Abend an. Im völlig abgedunkelten Raum ist nur eine UV-Leuchte an (auch unter dem Begriff «Schwarzlicht» bekannt), in deren Nähe sich das Gespenst befindet. Der Spieler trägt schwarze Kleidung und ist dadurch bei dieser Beleuchtung unsichtbar. Das weiße Gespenst wiederum leuchtet durch das UV-Licht geradezu fluoreszierend auf. Auch Gegenstände, die ins Spiel einbezogen werden, müssen weiß sein und können von weiteren unsichtbaren Spielern in schwarzer Kleidung bewegt werden. So bringt das Gespenst in seiner Geisterstunde auch manchen Alltagsgegenstand zum «Schweben».

Die fliegende Marionette

Genau genommen sind alle Marionetten «von Natur aus» flugtauglich, da die Anhebung des Spielkreuzes sie schon in die Luft gehen lässt. Die Wildente kann jedoch sogar mit den Flügeln schlagen oder mit leichter Bewegung sanft dahingleiten. Damit ihr Flugtalent zum Ausdruck kommt, muss die Bühne der Ente entsprechen, hoch und breit genug sein, so dass sie diese mit mehreren Flügelschlägen durchqueren kann. Auch die Kulisse sollte den Eindruck hervorrufen, die Flugente würde sich durch die Lüfte bewegen. Am schönsten ist diese Marionette, wenn sie der Anleitung entsprechend aus Holz ausgesägt und mit Wasserfarben bemalt wird. Man kann sie jedoch auch ganz einfach aus fester Pappe ausschneiden und mit Holz- oder Wachsmalfarben verzieren.

BAUANLEITUNG

Der Körper

Mit einer Schablone werden Körper und Flügel auf eine Sperrholzplatte übertragen, mit der Laubsäge ausgesägt und mit Sandpapier geglättet. Die in der Zeichnung vorgegebenen Löcher werden in Flügel und Rückenteil gebohrt. Bei eigenen Flugtierentwürfen muss die Positionierung der Löcher neu ermittelt werden. Werden die Flügel zu weit außen bzw. zu weit innen aufgehängt, klappen sie in der Ruhestellung nach oben bzw. nach unten. Die richtige Position ist gefunden, wenn die Flügel in Ruhestellung waagrecht ausgebreitet sind. Ein Pappmodell dient bei Eigenmodellen zur Ermittlung der Aufhängepunkte.

Körper und Flügel werden beidseitig mit Wasserfarben bemalt und mit Mattlack überzogen. Die Flügel werden mit dünner Schnur so am Körperteil festgebunden, dass sie sich mit etwas Abstand locker nach oben und unten bewegen können.

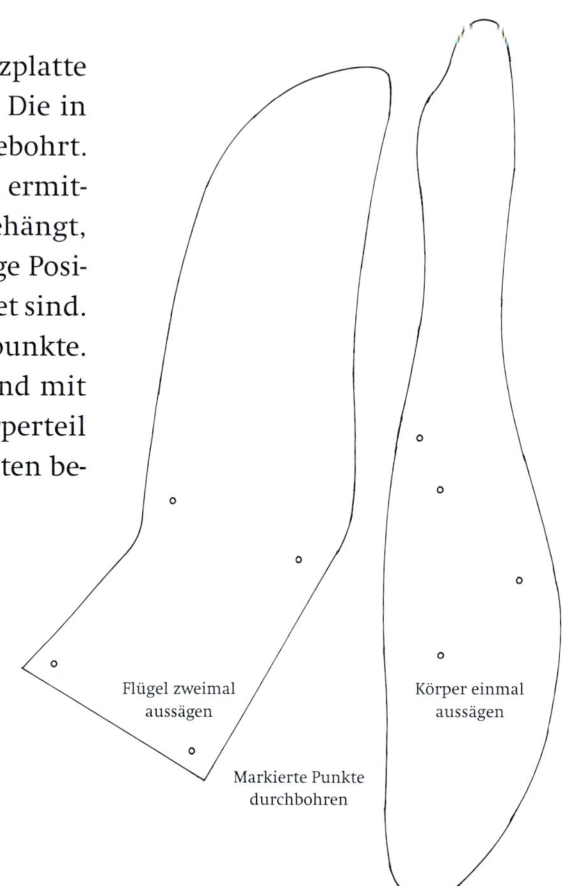

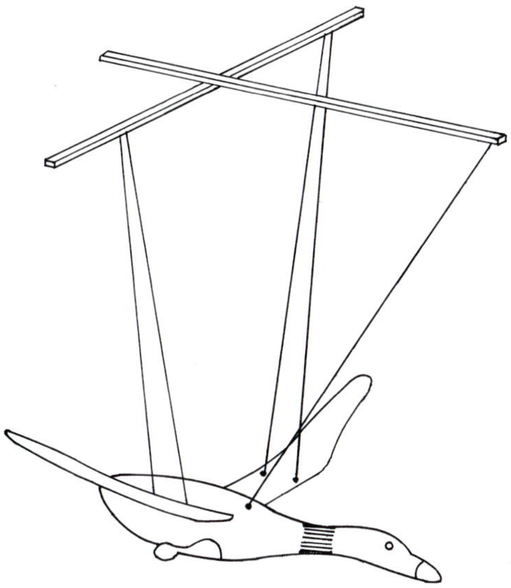

MATERIAL

- Dünne Sperrholzplatte
- Wasserfarben
- Mattlack
- Schnur
- Vierkanthölzer
- Lufttrocknende Knetmasse

WERKZEUG

- Laubsäge
- Schmirgelpapier
- Pinsel
- Handbohrer

Die Aufhängung am Spielkreuz

Das Spielkreuz ist in einfacher T-Form aus zwei Vierkanthölzern verbunden. Die Flügel werden an den Außenkanten des Querstabes befestigt, während das gegenüberliegende Ende des Längsstabes den Rücken trägt. Für die Balance muss am unteren Körperende der Flugmarionette eine lufttrocknende Knetmasse befestigt werden, die hier zu Entenfüßen ausgeformt wird.

SPIELHINWEISE

Die fliegende Marionette ist ganz einfach zum Flügelschlag zu bringen: Die Spielerhand hält das Spielkreuz so, dass die Marionette, je nach Spielsituation, mit dem Schnabel leicht nach oben gerichtet aufsteigt, waagerecht fliegt oder sich in Landeposition leicht nach unten neigt. Wird das Spielkreuz im Wechsel nach oben und unten bewegt, schlägt die Wildente mit den Flügeln.

Skaterrobota aus der Werkzeugkiste

Die Dosenmarionette ist mit der Kopfstockpuppe verwandt. Ihre Armfäden lassen auf ihre Zugehörigkeit zur Marionettenfamilie schließen. Wenn Robota auf ihren Rollerskates angesaust kommt, werden andere Roboter, die nur plump auf Dosenfüßen durch die Gegend stampfen können, sicher neidisch.

Wer sie nachbauen möchte, muss zuallererst eine große Dose Linseneintopf, eine mittlere Dose Gemüsemais, zwei schmale Dosen Champignons und zwei kleine Dosen Tomatenmark verzehren. Die Dosengrößen sind bei der Materialangabe vermerkt. Mit dem Maßband kann man sich im Supermarkt natürlich auch ein anderes Dosenmenü zusammenstellen. Die Dosen werden am besten mit einem elektrischen Dosenöffner sorgfältig aufgemacht, nach dem Leeren vorsichtig ausgespült und von der Banderole befreit.

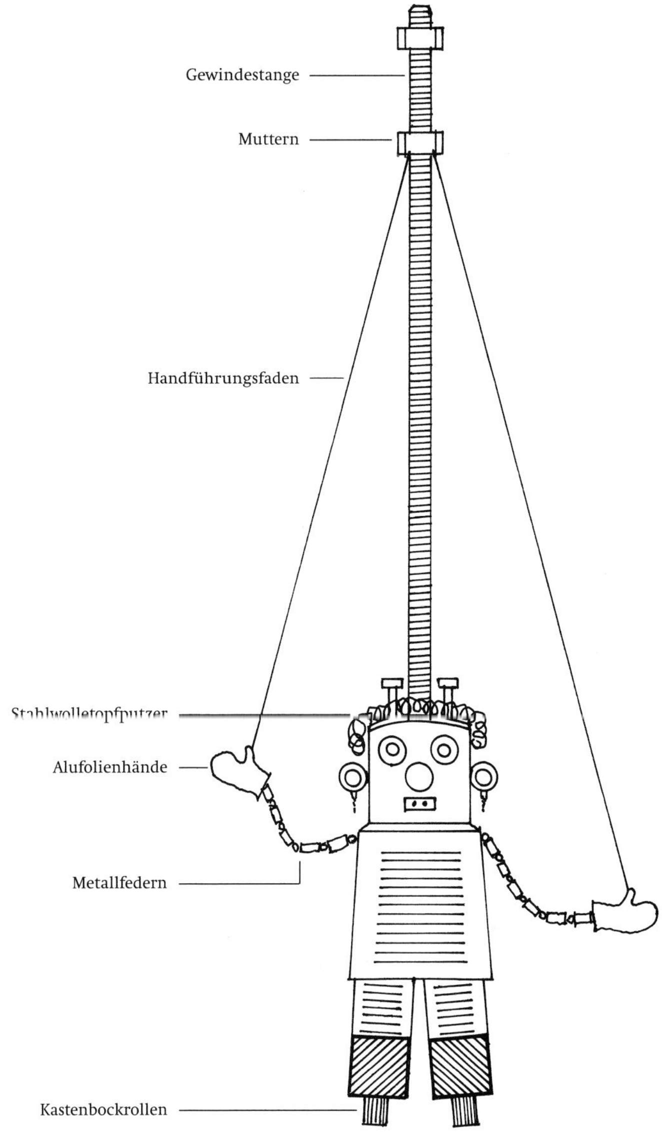

Material

- Dosen:
  - eine Kopfdose (Durchmesser 9 cm, Höhe: 8 cm)
  - eine Bauchdose (Durchmesser 10 cm, Höhe: 12 cm)
  - zwei Beindosen (Durchmesser 6 cm, Höhe: 7 cm)
  - zwei Fußdosen (Durchmesser 6 cm, Höhe: 4 cm)
- Textilklebeband
- Kurze Blechschrauben
- 2 Kastenbockrollen mit schwarzen Rädern (Durchmesser 25 mm)
- Gewindestab (Durchmesser 8 mm, Länge: 1 m) und 4 Muttern dazu
- Diverse kleine Metallfedern
- Metallisierender Faden
- Stahlwolletopfputzer
- Alufolie
- Individuelle Utensilien aus der Werkzeugkiste, die sich für ein Gesicht eignen

Werkzeug

- Dosenöffner
- Vor- bzw. Dosenstecher
- Bohrmaschine und Metallbohrer (Durchmesser 8 mm)
- Heißklebepistole
- Rundzange

Bauanleitung

Die ehemalige Maisdose wird als Kopf auf die große Bauchdose gesetzt. Die Dosenöffnungen zeigen nach unten. In die Mitte der beiden Dosen wird jeweils mit der Bohrmaschine ein Loch vorgebohrt. Durch diese Löcher wird eine verchromte Gewindestange (erhältlich im Eisenwarengeschäft) geschoben und mit Muttern festgeschraubt. Dadurch sind Kopf und Bauch gleich fest miteinander verbunden. Außerdem bildet diese Stange den Führungsstab der Dosenmarionette. Die kleinen Tomatenmarkdosen werden als Füße unter die länglichen Pilzdosenbeine gesetzt und mit schwarzem Textilklebeband miteinander verbunden. Das Textilklebeband stellt gleichzeitig die Skaterstiefel dar.

Unter die Dosenfüße wird jeweils eine sogenannte Kastenbockrolle, die es in verschiedenen Größen und Variationen zu kaufen gibt, mit Blechschrauben befestigt. Beide Beine werden so im Dosenkörper verschraubt, dass die «Rollerskates» parallel vorwärts fahren.

Mit einem Vorstecher oder Dosenlochstecher sticht man in den oberen Dosenrand zwei Löcher, in die kurze Metallfedern als Schultern eingehängt werden. Weitere angehängte Metallfedern bilden die Armglieder. Mit einer kleinen Rundzange werden sie nach dem Einhängen befestigt (umgebogen). Zur Sicherheit kann in jedem Verbindungsglied ein Tropfen Klebstoff dafür sorgen, dass sich die Glieder nicht mehr trennen. Die Hände werden aus Alufolie geformt und zuletzt mit der Metallfederarmkette verbunden.

Für die weitere Ausgestaltung bringt ein Blick in die Werkzeugkiste sicher viele Material- und Umsetzungsideen. Im vorliegenden Fall hat Skaterrobota Augen aus filzenen Stuhlfußgleitern, eine metallene Stuhlfußgleiternase, Rundhakenohren, Metallfederohrringe, Schraubenantennen und einen Anschlagwinkelmund. Für die Frisur wird hier ein Topfputzer aus Stahlwolle zweckentfremdet. Alle Teile wurden in den Dosenkopf gestochen (nach eventuellem Vorstechen) und mit Heißkleber fixiert.

Am Führungsstab sind für die Halterung zwei Muttern etwa 13 cm unterhalb des Stabendes gegeneinander verschraubt. Zwischen ihnen ist der durchgängige Handfaden befestigt. Die Länge des Handfadens ist so bemessen, dass die Hände entspannt bis zum unteren Rand der Bauchdose reichen. Als Abschluss des Gewindestabes sind nochmals zwei Muttern gegeneinander verschraubt. Zwischen den beiden Mutternpaaren ist, um Verletzungen vorzubeugen, Textilklebeband als Handgriff um die Stange gewickelt.

SPIELHINWEISE

Die rechte Spielerhand führt den Stab derart am Handgriff, dass Skaterrobota über den Boden rollt. Die linke Spielerhand bewegt die Handfäden. Robotas Auftritte müssen nicht spektakulär sein. Wird sie als Kinderspielzeug verwendet, sind jedoch alle Teile noch mehr als ohnehin nötig auf scharfe Kanten und spitze Stellen hin zu überprüfen und abzusichern (zum Beispiel mit Klebeband). Der Stab sollte in diesem Fall niedriger bzw. kürzer bemessen sein.

Mit Hilfe von bunten Lichtspots, Stroboskoplicht und passender Discomusik wird Skaterrobota erst richtig in Szene gesetzt: Ihr silberner Blechkörper spiegelt die Lichter wider und die Arme bewegen sich im Takt der Musik. Beim Sprechen darf nicht vergessen werden, dass Robota natürlich eine Roboterstimme hat.

Tierische Marionette «Zottelpop» im Vierfüßlergang

Diese Marionettenart ist einfach herzustellen und kann im Spiel mit einer Hand bedient werden. Ein Puppenspieler kann also zwei tierische Marionetten gleichzeitig tanzen lassen. Als Motivideen eignen sich Fantasiewesen eher als realistische Tiere. Von der Formgebung über die Bemalung bis hin zur Ausgestaltung sind hier der Kreativität keine Grenzen gesetzt. Gerade bei Schulkindern, mit denen diese Marionetten schon problemlos hergestellt werden können, ist die freie Aufgabenstellung sinnvoll. Sie sollen nicht versuchen, ein Tier nach biologischen Gesichtspunkten zu bauen. Im Vordergrund steht die Originalität der Marionette.

HERSTELLUNG

Das Schnurskelett

Dafür können fertige Seile verwendet oder aus Wollresten zunächst lange Kordeln gedreht werden. Das «Skelett» besteht aus drei Schnurteilen. Der längere Teil ist sozusagen die Wirbelsäule vom obersten Halswirbel bis zur Schwanzspitze. Die beiden anderen Teile sind gleichlang und stellen je ein Beinpaar dar. Die Maße der Schnüre sind individuell auf die gewünschte Größe der Marionette abzustimmen.

Die Wirbelsäulenschnur wird so auf den Boden in Form gelegt, dass sich deutlich abzeichnet, wo Schwanz und Hals beginnen werden. Über diesen Stellen können die zusammengeklappten Beinschnüre geschlungen und mit starkem Zwirn festgenäht werden.

Der Körperbau

Körper und Kopf entstehen aus geknülltem Zeitungspapier, das um das Schnurskelett geformt wird. Dabei werden zunächst einzelne Bogen um die entsprechenden Schnurteile locker gewickelt und dort durch Zusammendrücken in Form gebracht. Die entstandenen Teile werden mit reißfestem Garn umwickelt, wodurch die Grundform von Kopf und Körper fixiert wird. Die Schnur der Halswirbelsäule reicht bis in die Mitte des Kopfes, damit sie gut hält und die Marionette später nie kopflos werden kann.

Nun werden weitere Zeitungen in Streifen und kleinere Stücke gerissen, damit ein gewisser Vorrat für die Kaschierung des Körpers vorbereitet ist. Kopf und Körper werden dann gut mit dick angerührtem Tapetenkleister eingerieben. Anschließend werden die gerissenen Zeitungsstücke und -streifen um die Teile geklebt und wieder mit Kleister bestrichen. So entstehen mehrere Lagen, wobei zu beachten ist, dass sich alle Zeitungsstücke immer gut mit Kleister vollsaugen. Ausformungen wie Schnauze, Augenbrauen, Glubschaugen, Zähne, Hörner, Rückenhöcker usw. werden aus mehreren Schichten von Zeitungsstücken modelliert. Nach kurzer Zeit sind diese Schichten gut mit Kleister durchgeweicht und können nun nochmal fein nachmodelliert werden. Schwanzspitze und Füße können ebenfalls aus solchen Zeitungsstücken, aber auch später aus anderen Materialien hergestellt werden.

Die Marionette muss nun einige Tage trocknen. Damit sie nicht am Untergrund festklebt, hängt man sie am besten mit ihren Schnurbeinen an eine Wäscheleine. Nach dem Trocknen wird das Fantasietier mit gut deckenden, wasserlöslichen Farben bemalt und später mit einer Schutzschicht aus Lack überzogen. Wer Schwanzspitze und Füße nicht in der Zeitungstechnik hergestellt hat, kann dazu beliebige Materialien verwenden. «Zottelpop» bekommt vier große Korken als Hufe. In die Korken werden schnurdicke Löcher vorgebohrt, in die die Beinschnüre mit Heißkleber eingeklebt werden. Auch für die weitere Ausgestaltung können noch andere Materialien eingesetzt werden. «Zottelpop» trägt an manchen Körperteilen Abschnitte eines alten Flokati-Teppichs.

MATERIAL

- Schnüre oder selbstgedrehte Kordeln aus Wollresten
- Zeitungen
- Tapetenkleister
- Wasserlösliche Deckfarben
- Klarlack
- Holzleisten
- Heißkleber
- Bindfaden (zum Beispiel Zwirn)
- Materialien zur Ausgestaltung (hier: Korken, Flokati-Abschnitte)

WERKZEUG

- Kleisterschale
- Pinsel
- Vorstecher (für die Löcher in den Holzleisten)
- Nähnadel
- Schere
- Heißklebepistole

Das Spielkreuz

Entsprechend der Zeichnung auf Seite 132 besteht das Spielkreuz aus der Längsleiste, an der Kopf, Rücken und Schwanz der tierischen Marionette befestigt werden. Die beiden Querleisten tragen die Fußfäden. Bindfaden wird an Füßen, Schwanz, Kopf und Rücken befestigt, durch die entsprechend vorgebohrten Stellen des Spielkreuzes gefädelt und dort verknotet. Hierfür sollte man zu zweit arbeiten, da die richtige Länge der Fäden entscheidend für die Spielfunktion ist. Die Position ist richtig, wenn der Spieler im aufrechten Stand die Spielhand auf Taillenhöhe hält und die Marionette dabei alle vier Füße locker auf den Boden stellt sowie den Kopf aufrecht trägt.

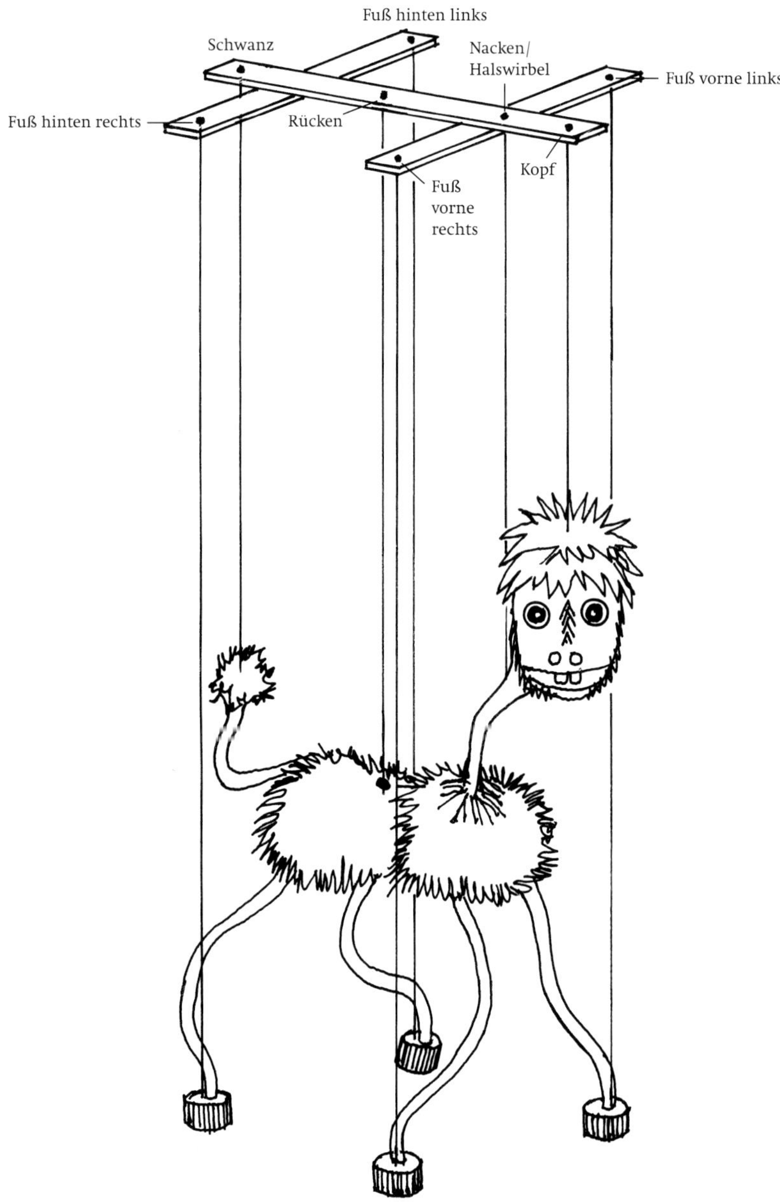

SPIELHINWEISE

Die tierische Marionette «Zottelpop» wird mit einer Hand geführt. Beim seitlichen Kippen des Spielkreuzes hebt sie Vorder- und Hinterbein. Kippt man das Spielkreuz hin und her, beginnt sie zu laufen. Der Kopf wird in waagerechter Haltung des Spielkreuzes aufrecht getragen. Neigt man das Kreuz nach vorne, so senkt die Marionette den Kopf. Verstärkt man diesen Vorgang, knickt sie die Vorderbeine ein und kann sich so verbeugen. Im Gegenzug kann das senkrechte Aufrichten des Spielkreuzes die Marionette zum Aufbäumen bringen. Gleichmäßiges Heben und Senken des Spielkreuzes lässt sie «federne» Hüpfer machen. Wirkungsvoll werden ihre Bewegungen zur Musik, wenn sie rhythmisch zu tanzen beginnt.

Waldo Holzmann

Die Materialien für Waldo Holzmann kann man nicht einfach in einem Bastelladen kaufen. Beim Rückschnitt oder Fällen eines Baumes, in diesem Fall war es ein großer Holunder, wurden die Körperteile aus Ästen und kleineren Stämmen ausgewählt und zugesägt. Auch zur Ausgestaltung dürfen nur Naturmaterialien verwendet werden. Wer Waldo baut, wird feststellen, dass er ein guter Anlaß ist, mal wieder mit offenen Augen durch Wald und Garten zu gehen. Waldo Holzmann ist natürlich keine Marionette, die leicht über die Bühne schwebt. Der Holzkörper hat sein Gewicht und dementsprechend stabil sind auch Spielkreuz und Führungsfäden ausgelegt. Als echter Naturbursche stapft er mit seinen kräftigen Holzbeinen zu den Zuschauern, um ihnen Geschichten aus dem Wald zu erzählen.

BAUANLEITUNG

Der Holzkörper

Das verwendete Holz muss frei von Fäulnis und Schädlingsbefall sein. Äste und kleine Stämme werden auf ihre Eignung für die Marionettengliedmaßen hin überprüft. Benötigt werden Abschnitte für den Kopf, den Rumpf, die Ober- und Unterarme sowie die Ober- und Unterschenkel. Für die Hände sucht man nach Astgabelungen, die in der Größe zusammenpassen. Die Füße sind zwei Holzscheiben. Alle Teile werden mit dem Fuchsschwanz gerade abgesägt. Glattgeschliffen werden die Schnittstellen nicht. Solche Feinheiten entsprechen Waldos Darstellungsform in keiner Weise.

Die Glieder werden durch Ringschrauben verbunden. Bei hartem Holz ist es sinnvoll, vor dem Einschrauben etwas vorzubohren. Mit einer kleinen Zange und zugegebenermaßen auch mit etwas Kraftanstrengung wird an jeder Verbindungsstelle eine Ringöse geöffnet, in die gegenüberliegende eingehängt und wieder zusammengebogen. Für die Ausgestaltung muss man sich auf die Suche machen. Waldo Holzmann bekommt Ohren aus einer halbierten Astholzscheibe. Auch die Augen sind aus Astholzscheiben, erhalten aber als Pupillen noch zwei getrocknete Pfefferkörner. Die Nase ist ein alter, vertrockneter Pfirsichkern, der in der Nähe des Pfirsichbaumes halb in der Erde vergraben war. Sein Mund mit den zotteligen Barthaaren ist ein Stück Efeu mit Luftwurzeln. Auch die Frisur ist vertrocknet gefundenes Wurzelwerk.

Im Herbst lassen sich auch unter Nussbäumen, Kastanien, Eichen oder Buchen geeignete Materialien finden. Die Teile zur Ausgestaltung des Kopfes werden mit starkem Klebstoff festgeklebt.

Das Spielkreuz

Auch für das Spielkreuz werden gerade gewachsene Äste in gleicher Stärke zugesägt, zusammengenagelt und an den Kreuzstellen noch mit Packschnur umwickelt. Auch die Spielfäden sind, im Stil passend, aus grober Packschnur und bewusst sichtbar. Die Schnüre werden in den Ringösen des Kopfes, der Schultergelenke, der Handgelenke und der Füße angeknotet.

Die Länge der Fäden ermittelt sich aus der Größe des Spielers. Im bequemen Stand, ohne Rückenschmerzen zu bekommen, mit leicht angewinkelten Armen, wird die Marionette gehalten. In dieser Position steht auch sie ent-

MATERIAL

- Ast- und Stammholz
- Naturmaterialien zur Ausgestaltung (Nüsse, Kerne, Schalen, Wurzeln, ...)
- 14 kleine Ringschrauben
- Packschnur
- Starker Klebstoff

WERKZEUG

- Fuchsschwanzsäge
- Kleine Zange
- Bohrmaschine zum Vorbohren
- Vorstecher
- Schere

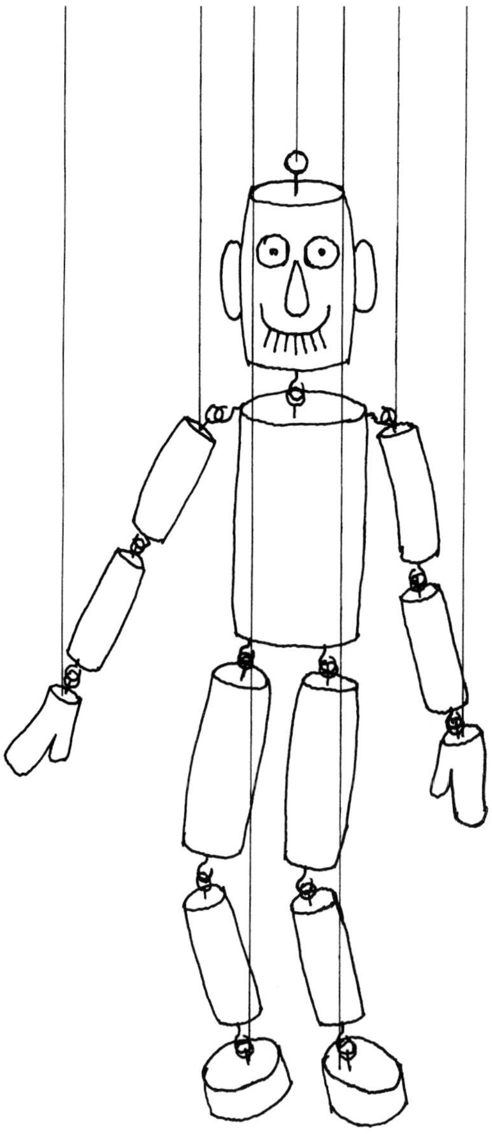

spannt, aber in aufrechter Haltung. Arme und Beine hängen herunter und alle Spielfäden sind straff. Für die richtige Befestigung muss man zu zweit arbeiten. Eine Person hält das Spielkreuz in der richtigen Position, die andere befestigt die Fäden.

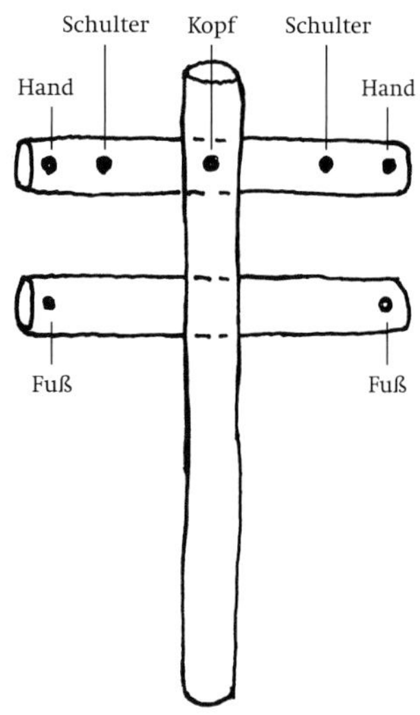

Astholz-Spielkreuz

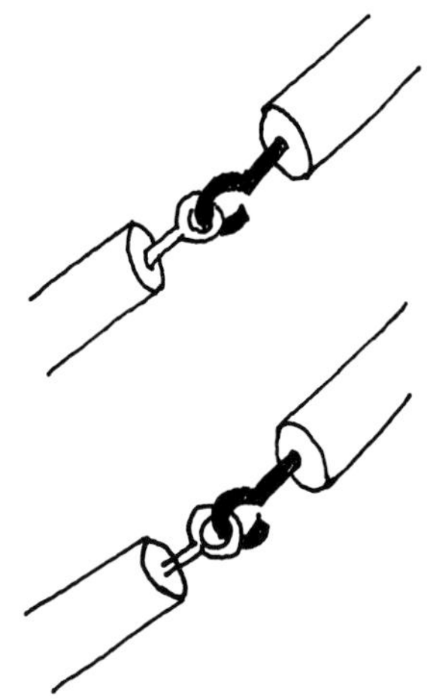

Gelenkverbindung

SPIELHINWEISE

Die rechte Spielerhand trägt das Spielkreuz. Wird es seitlich gekippt, so hebt Waldo das der gekippten Seite gegenüberliegende Bein. Die linke Spielerhand greift zu den Handfäden, um die Hände einzeln oder gemeinsam in Aktion zu bringen. Bei einer Auf- und Abbewegung des Spielkreuzes hüpft Waldo. Dabei klappern seine Holzgelenke im Takt. Wird das Spielkreuz ohne Kipplage nach unten gesenkt, setzt er sich gemütlich auf den Boden und streckt die Beine von sich.

Die passende Bühne ist für Waldo Holzmann natürlich die freie Natur. Auf einem Waldlehrpfad kann er über das Leben im Wald Auskunft geben. Im Zeltlager für Schulkinder führt er diese zu den Stellen, an denen Holz und Naturmaterialien für Marionetten seiner Art zu finden sind. Entsteht im Zeltlager dann eine Waldmarionettenfamilie, können am Abend Tänze und Sketche der Waldwesen aufgeführt werden. Dem Lagerfeuer sollten sie jedoch nicht zu nahe kommen!

Mario, der Nette

In seinem Aufbau ist Mario seinem Kollegen Waldo Holzmann sehr ähnlich. Aber im Gegensatz zu diesem geht Mario leichtfüßig und mit zierlichen Bewegungen über die Bretter, die die Puppentheaterwelt bedeuten. Außerdem sorgen ein paar Fäden mehr für seine detailliertere Gestik. Er gehört jedoch nicht zu den Perfektionisten seiner Familie, die jedes nur denkbare Körperteil mittels Fadenzug bewegen können. Mario will so nett sein und den Schwierigkeitsgrad seiner Fadenführung in dem Umfang belassen, der mit etwas Übung nicht zu schwer durchführbar ist. Seine voll beweglichen Verwandten arbeiten meistens bei Theaterpuppenprofis oder leben in der Ungewissheit, als Dekorationsobjekte zu verstauben.

HERSTELLUNG

Kopf, Hände und Füße

Als Modelliermaterial wird hier exemplarisch Papiermaché verwendet. Helle, unbedruckte Papierreste (zum Beispiel Bäckertüten) werden in kleine Stücke gerissen und in lauwarmes Wasser eingeweicht, bis sich das Papier beim Reibetest in einzelne Fasern löst. Danach wird es mit einem Püriergerät zu einem Brei verarbeitet, der anschließend abgesiebt wird. Die Masse wird in einem Tuch ausgewrungen und mit dick angerührtem Tapetenkleister in einer Plastikschüssel so lange durchgeknetet, bis die Masse geschmeidig ist. Je nach Konsistenz kann bei Bedarf noch Wasser oder Kleisterpulver zugegeben werden.

Wem dies zu aufwendig ist, der kann auf im Handel erhältliches Papiermachépulver zurückgreifen, das nur noch mit Wasser angerührt werden muss. Außerdem eignen sich auch gebrauchsfertige Massen, die nach dem Trocknen ein leichtes Gewicht haben und bei der Weiterverarbeitung gebohrt werden können, ohne zu zerspringen. Aus der Masse werden der Kopf, die Hände und die Füße geformt. Das Material lagert während der Arbeitsphase in einem luftdicht schließenden Kunststoffgefäß mit Deckel. Es wird immer nur soviel Masse entnommen, wie gerade benötigt wird, damit sie nicht eintrocknet.

Tipps zu Gestaltungsmöglichkeiten von Gesicht und Händen sind dem Kapitel «Allgemeine Hinweise für die Gestaltung von Puppengesichtern», Seite 39, zu entnehmen. Marios Kopf schließt am Hals mit einer kleinen Verdickung ab, an der später die Kleidung rutschsicher befestigt werden kann. Nackte oder beschuhte Füße werden ebenfalls aus Papiermaché geformt und wie Kopf und Hände nach dem Trocknen mit Wasserfarben bemalt. Es gibt aber auch wunderschöne kleine Puppenschuhe zu kaufen, die der fertigen Marionette angezogen werden können. Für diesen Fall bemalt man die Füße im Sinne von Strümpfen.

Nach dem Trocknen werden die Teile mit Mattlack überzogen. Außerdem bekommt der Kopf natürlich noch eine Frisur aus Wolle, Plüsch, Fell oder einer gekauften Puppenperücke. In Kopf, Hände und Füße werden der Zeichnung entsprechend Ringschrauben gedreht und sicherheitshalber mit starkem Klebstoff fixiert.

Der Körper

Für die einzelnen Glieder werden Vierkanthölzer in der Zeichnung entsprechende Abschnitte gesägt, an den Trennstellen mit Sandpapier glattgeschmirgelt und, wie Kopf, Hände und Füße, mit Ringschrauben versehen. Die Ösen können durch Auf- und Zubiegen ineinander gehängt oder mit einer kleinen Schraube und einer Hutmutter verbunden werden (siehe Abbildung). Kopf, Hände und Füße werden am Mittelstab befestigt, Arm- und Beinösen ebenso.

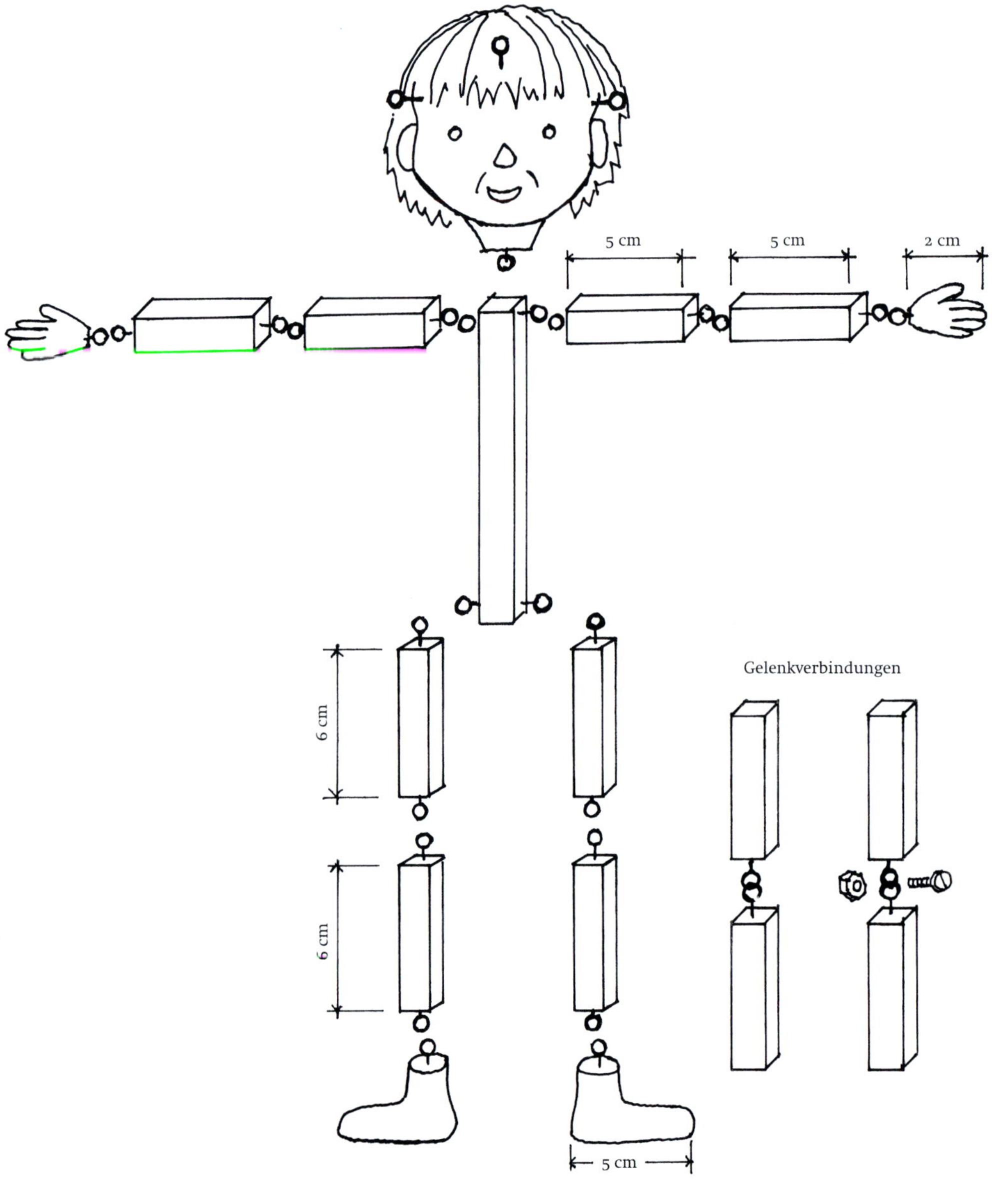

MATERIAL

- Helle, unifarbene Papierreste (zum Beispiel Bäckertüten) oder fertiges Papiermachépulver
- Kleister
- Wasserfarben
- Mattlack
- Perücke (Plüsch, Wolle, ...)
- Vierkanthölzer (Maße siehe Zeichnung)
- Kleine Ringschrauben
- Schrauben mit Hutmuttern
- Klebstoff
- Nägel
- Nylonschnur
- Stoffe oder fertig gekaufte Puppenkleider
- Puppenschuhe

WERKZEUG

- Luftdicht verschließbares Plastikgefäß
- Sieb
- Pinsel
- Zange
- Nähnadeln und Nähmaschine
- Bohrmaschine

Für die Bekleidung müssen weiche Stoffe verwendet werden, die die Marionette in ihrer Bewegung nicht einschränken. Da kann man auch im eigenen Altkleidersack nach brauchbaren Resten suchen. Für das Selbernähen von Puppenkleidern gibt es im Fachhandel spezielle Schnittmusterbogen. Wer geübt ist, kann natürlich auch eigene Entwürfe herstellen. Wer nicht nähen kann oder möchte, bekommt in Puppenfachgeschäften eine große Auswahl an Puppenkleidern in allen Größen. Ist die Marionette angezogen, begibt man sich zu zweit an ihre Aufhängung am Spielkreuz.

Das Spielkreuz

Der Zeichnung entsprechend wird das Spielkreuz aus Vierkanthölzern mit Holzleim oder Nägeln verbunden. An den gekennzeichneten Stellen werden die Löcher vorgebohrt, durch die die Nylonspielfäden später gefädelt und verknotet werden.

Der Kopf wird an drei Fäden aufgehängt. Der Faden oberhalb der Stirn richtet die Puppe auf und lässt sie später beim Spiel nicken. Die beiden Fäden oberhalb der Ohren bewirken, dass der Kopf auch nach rechts und nach links gedreht werden kann. Die Funktion der Kopffäden ist gewährleistet, wenn die Kopf-Hals-Verbindung entsprechend beweglich ist und das Kostüm diese Gelenkstelle locker umgibt.

Weitere Fäden halten die Schultern, die Hände und die Kniegelenke. Der Gesäßfaden ermöglicht der Marionette, sich zu bücken. Die Länge der Fäden orientiert sich an der Körpergröße des Spielers: Die Marionette soll mit beiden Füßen entspannt auf dem Boden stehen, während die Spielerhand das Fadenkreuz auf Taillenhöhe hält.

SPIELHINWEISE

Es empfiehlt sich, vor dem Spiegel zu üben, da hier die Bewegungen gleich aus Zuschauersicht verfolgt werden können. Der Spieler hält das Spielkreuz mit leicht angewinkeltem Arm auf Taillenhöhe.

Zum Verbeugen wird das Spielkreuz nach vorne geneigt. Dabei spannt sich der Gesäßfaden, während sich der Kopffaden lockert. Um den Kopf seitlich hin und her zu bewegen, wird das Spielkreuz leicht geneigt und dabei nach rechts oder links gekippt. Hierbei spannt sich jeweils der eine seitliche Kopffaden, während sich der gegenüberliegende lockert. Zum Nicken mit dem Kopf wird das Spielkreuz ebenfalls leicht geneigt: Der Kopffaden oberhalb der Stirn wird mit der freien Spielerhand im Wechsel leicht nach oben gezogen und wieder gelockert.

Auch zum Gehen hebt eine wechselseitige Kippbewegung des Spielkreuzes jeweils ein Bein an. Wichtig ist, dass dabei gleichzeitig das Spielkreuz ohne ruckartige Bewegungen vorwärts geleitet wird. Beim Gehen sollen die Füße den Boden bei jedem Schritt berühren. Schweben darf nur eine Figur, deren Rolle diese Aufgabe beherrscht. Die Hände werden mit der freien Spielerhand einzeln oder gemeinsam (zum Beispiel zum Dirigieren) in die gewünschte Höhe gezogen.

14 Die Wechselbühne für Schattenfiguren oder Theaterpuppen im Rampenlicht

Die Wechselbühne ist für alle Figuren geeignet, die beim Spielen von oben bedient werden und in ihrer Größe den Dimensionen dieser Bühne entsprechen. Sie kann problemlos transportiert werden. Dazu tragen zwei Griffe an den Seitenwänden und das leichte Gewicht der Bühne bei. Im Auto findet die Bühne auf dem Rücksitz Platz. Am Spielort angekommen, braucht sie nur noch einen Tisch, auf den sie gestellt werden kann, und eine Steckdose für die Beleuchtung. Umständliches Aufbauen entfällt. Soll die Bühne für Theaterakteure wie Kopfstockpuppen oder Marionetten genutzt werden, wird im hinteren Bühnenraum die Kulisse eingehängt und der Lichtspot an der ausgestellten Beleuchtungslatte erhellt nach dem Öffnen des Vorhangs den Innenraum der Bühne: Das Rampenlicht ist hergestellt!

Für Schattenspiele wird die Kulisse entfernt und am vorderen Bühnenrand die Schattenspieltrennwand in Form eines Leintuches oder einer Spezialfolie eingehängt. Durch die kreisrunde Lichtöffnung in der Rückwand kann die Beleuchtung, die an einem Gelenkarm befestigt ist, in den Innenraum der Bühne gekippt werden. Der vordere Lichtspot wird abgeklemmt, die Beleuchtungslatte über ihr Gelenk unter die Bühne geschoben. Das Schattenspiel kann beginnen!

BAUANLEITUNG FÜR DIE BÜHNE

Die 8 mm starken Sperrholzplatten werden nach den Angaben des Bauplans zugesägt und miteinander verschraubt. Vorbohrungen gewährleisten eine optimale Platzierung der Schrauben und Verhindern ein Ausreißen des Holzes. An den Seiten werden Tragegriffe montiert. Eine Vorhangschiene wird an der Oberkante der Bühnenöffnung ebenfalls mit Schrauben befestigt. Diese Schrauben müssen einen flachen Kopf haben, damit die Transportrollen des Vorhangs ungehindert durch die Schiene laufen können.

Der Vorhang wird den Maßangaben entsprechend in zwei Teilen zugeschnitten und mit der Nähmaschine eingesäumt. Das Gardinenband wird 3 cm unterhalb der Oberkante angenäht, damit nach dem Raffen des Vorhangs die Schiene verdeckt ist und die Bühne sich somit optisch schöner präsentiert. Die Gardinenrollen müssen in gleichmäßigen Abständen am Gardinenband befestigt werden. Danach kann der Vorhang mittels der Rollen in der Vorhangschiene montiert werden. Die Seiten der Schiene werden mit einem «Stopper» geschlossen, damit die Transportrollen nicht mehr aus der Schiene gleiten können. Damit der geöffnete Vorhang genügend Bühnensicht freigibt, empfiehlt es sich, an den Seiten kleine Haken zur Befestigung eines Vorhangbandes anzubringen. Das Band umfasst die zur Seite geschobenen Vorhänge und fixiert sie nach dem Einhängen in dieser Position.

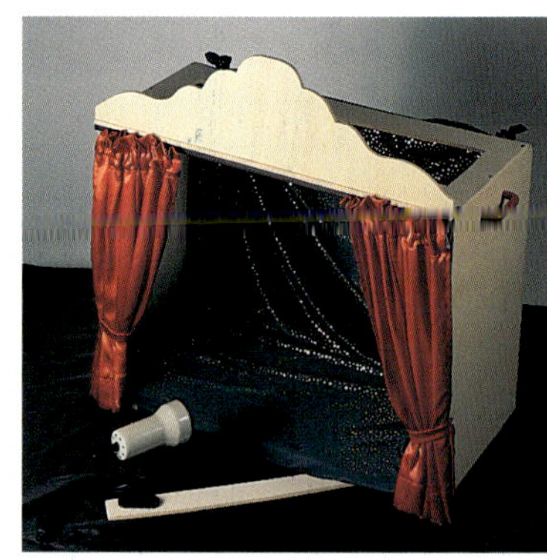

Unterhalb der Bühne werden vier Standblöcke angeschraubt. So entsteht ein Zwischenraum, in den die schwenkbare Beleuchtungslatte montiert werden kann. An dieser Latte wird ein kleiner Klemmspot mit Kippschalter befestigt. Diese Vorrichtung ermöglicht die «Rampenlicht-Theaterbeleuchtung». Für die Schattenspielbeleuchtung wird rechts neben dem großen Loch in der Rückwand der im Bauplan angegebene Holzquader angeschraubt. An diesen wird ein schwenkbarer Spot (Lichtstärke 60 Watt) im Winkel von 90° so befestigt, dass er für Schattenspiele durch das Rückwandloch in den Bühneninnenraum geschwenkt werden kann. Wird er nicht benötigt, bleibt er hinter der Bühne und das Loch wird durch die Kulisse für das «Theater im Rampenlicht» verdeckt.

Der Wechsel zwischen Rampenlichttheater und Schattenspiel ist technisch gesehen so schnell vollziehbar, dass auch in der Umsetzung eines Theaterstücks beide Spielweisen methodisch integriert werden können. So gäbe es zum Beispiel die Möglichkeit, die Tagesszenen einer Aufführung «im Rampenlicht» zu spielen, während die Nachtszenen mit einem blauen Lichtspot als Schattenspiel dargestellt werden.

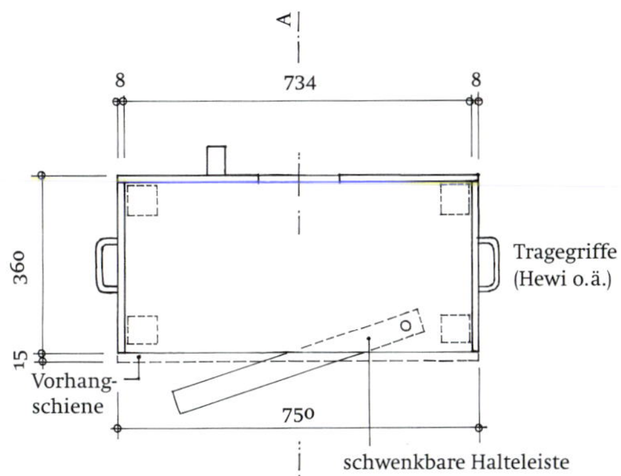

Grundriss

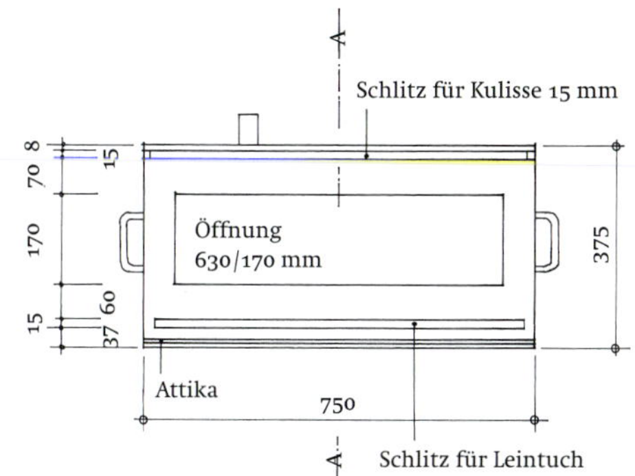

Draufsicht

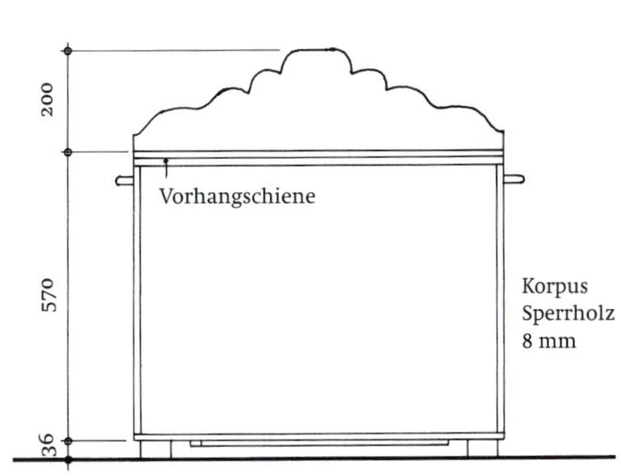

Vorderansicht

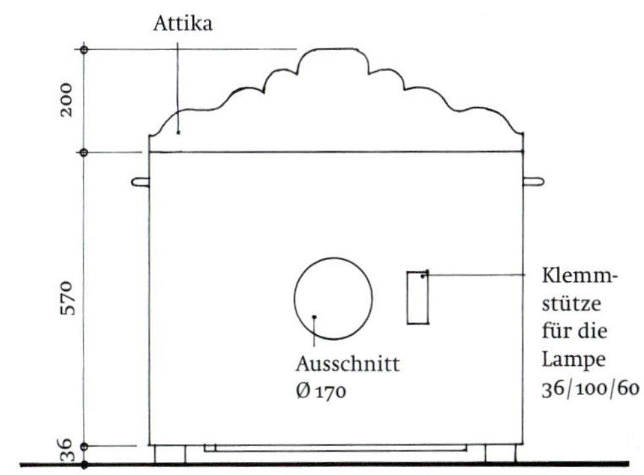

Rückansicht

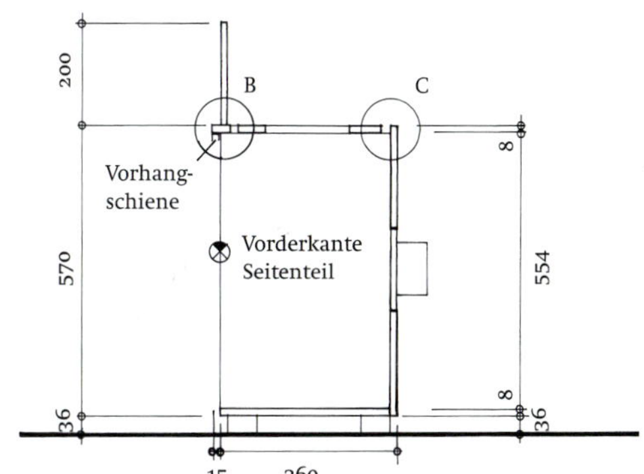

Schnitt A

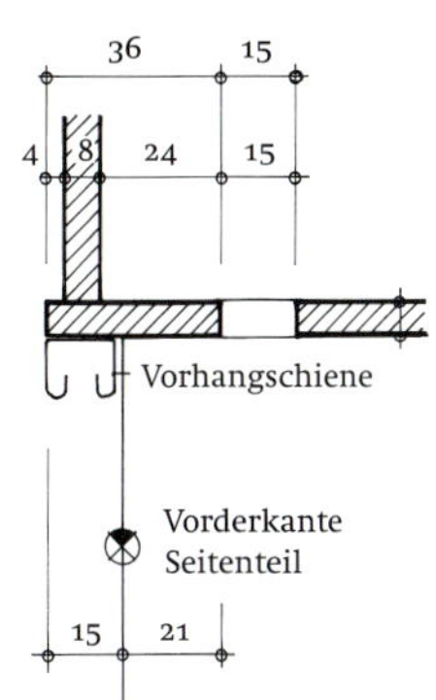

Detail B

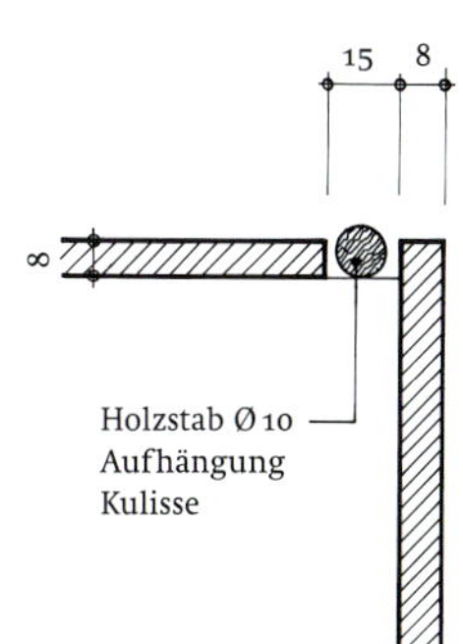

Detail C

Alle Maßangaben in mm

MATERIAL

- 8 mm starke Sperrholzplatten (auf die Maße entsprechend den Zeichnungen zugeschnitten)
- Spax-Schrauben (3,5 x 30 mm)
- Gardinenstange (Länge: 75 cm) und passende Rollen
- Klemmspot und Kippspot (jeweils 60 Watt Lichtstärke)
- 2 Tragegriffe
- Vorhangstoff
- Nähgarn

WERKZEUG

- Stichsäge
- Bohrmaschine
- Schraubenzieher
- Nähmaschine
- Schere

Galerie der Theaterpuppen

Szene aus «Sherazade»
Compagnia Marionnetistica Carlo Colla
e Figli di Milano

Ulrich Gröbendorfer
Figur von Frank Soehnle
für «Die Weltmaschine».
figuren theater tübingen

Trommler
Marionette von Annette Scheibler.
Hergestellt für die SFB-Produktion «Steuergeheimnisse».
Theater pepperMIND, Stuttgart

Norman Meier
Figur aus «Frau Meier, Die Amsel».
Krokodil Theater, Tecklenburg

Martha
Figur aus «Maria und Martha».
Puppentheater Charivari, Münster

Löwe und Maus
Figuren von Martina Hering. Figurenthater guck'mal, Bonn

Teufel
Figur von Susanne Capar für «Kinder des Windes».
Theater zwischen den Welten, Backnang

Der Frosch
Handpuppe von Irmel Droese.
Irmels Puppen, Mettmann

Fische
Handpuppen von Irmel Droese.
Irmels Puppen, Mettmann

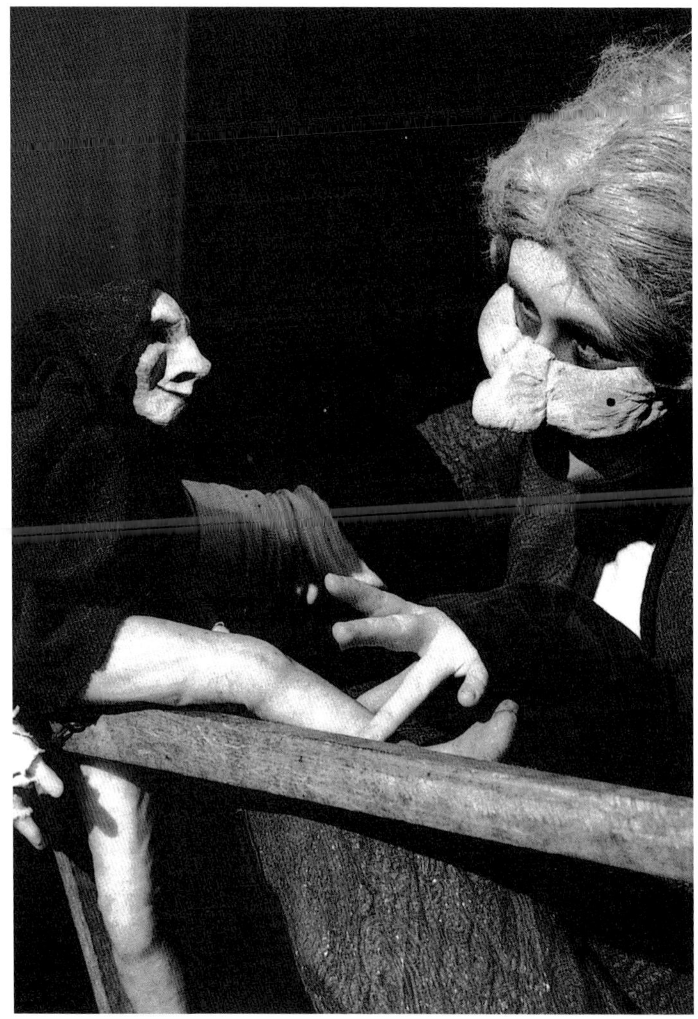

Näkk Figur von Frank Soehnle,
Spielerin: Ines Müller-Braunschweig,
Inszenierung: «Nirgendwo ist alles anders»,
figuren theater tübingen

Augustin
Figur von Annette Scheibler für die Inszenierung
«Augustin – der Wiener Volkssänger».
Theater pepperMIND, Stuttgart

Wilfried Gordon und Fräulein Nancy
Figuren von Cécile Legrand
für «Wenn Erinnerungen erwachen…».
sepTeMBer Figurentheater, Tuttlingen

Aquarius – König des Wassers
Figur von Armida Voss, Jugenheim,
für «Am Ende des Regenbogens»

Soldat, Teufel, Prinzessin
Humanetten der Puppenbühne Demenga/Wirth, Bern,
aus dem Spiel «Histoire du soldat»
von Ramuz/Strawinsky

Gretel
Marionette aus «Hänsel und Gretel».
Ulmer Spielschachtel, Ulm

Fischfang
Sprechende Theaterpuppe von Martina Ziegler,
entstanden im Institut für sozialpädagogische Berufe
Schwäbisch Gmünd

Widerstreit
Irmels Puppen, Mettmann

Exit. Eine Hamletfantasie
Figurentheater Wilde & Vogel, Stuttgart

La Marionetta
Die grösste Marionette der Welt
Theater Pico Bello, Göttingen

Bildnachweis

8 Privatbesitz; Foto Thomas Balmer
10 Deutsches Ledermuseum, Offenbach am Main
11 Foto Inge Borde-Klein
12 beide Fotos Inge Borde-Klein
14 Puppentheatermuseum München; Foto Claus Hansmann
16 Puppentheater im Stadtmuseum München; Foto Claus Hansmann
17 links: Verlag J. F. Schreiber, Esslingen 1883
rechts: «Schreibers Papier-Theater», erschienen im Verlag J. F. Schreiber, Esslingen 1883
18 Foto das Theaterpack
21 Foto Mario Del Curto
22 Theatersammlung Bern; Foto Heinz Studer
23 Stadtmuseum München
25 Idee zum Spiel und Entwurf der Figuren Kurt Schmidt; Ausführung Toni Hergt;
Staatliche Kunstsammlungen Dresden, Puppentheatersammlung; Foto Frank Höhler
26 Foto Ulrike und Andreas Braun
28 Foto Achim Tsutsui
36 Foto Figurentheater Sack un' Pack
146 Foto Mario del Curto
148 links: Foto Helmut Pogerth
rechts: Foto Theater pepperMIND
149 Foto Jutta Brüdern
150 Foto Puppentheater Charivari
151 beide Fotos Christoph Pfeiffer
152 Foto Theater zwischen den Welten
153 beide Fotos Irmels Puppen
154 links: Foto figuren theater tübingen
rechts: Foto Theater pepperMIND
155 Foto sepTeMBer Figurentheater
156 links: Foto Armida Voss
rechts: Foto Puppenbühne Demenga/Wirth
157 links: Foto Ulmer Spielschachtel
rechts: Foto Iris Domdey-Meyer
158 links: Foto Irmels Puppen
rechts: Foto Figurentheater Wilde & Vogel
159 Foto H. Mahramzadeh

Alle anderen Fotografien von Peter Kälberer, D-Göppingen